地方自治ジャーナルブックレット・NO.59

七ヶ浜町（宮城県）で考える

「震災復興計画」と住民自治

編著
自治体学会東北ＹＰ

公人の友社

七ヶ浜町（宮城県）で考える「震災復興計画」と住民自治

もくじ

▲七ケ浜町の菖蒲田地区
防潮堤の際まで住宅が建ち並んでいましたが、津波で全部流されてしまいました。夏場には海水浴客でにぎわっていた地区でもあります。奥に砂浜が見えますが、復興後は住宅地区が写真手前の部分まで後退する予定です。（編者）

《震災復興フォーラム》七ヶ浜町で考える「復興と住民自治」

開催趣旨

東日本大震災による被災を受け、国・県・市町村が復興基本方針や復興計画（以下、復興計画）を策定しています。

被災地の住民には、国・県・市町村による3層の復興計画が同様に関わりますが、どの計画が暮らしのどこに影響するのか、自分の考え（民意）を誰に訴えればいいのか、曖昧な理解のまま、知らないところで復興計画の策定が進行しているのが現状ではないでしょうか。

戦後この国は、中央集権体制によって驚異的な復興を果たしました。経済成長が進むとともに、社会基盤の整備も進み、国民生活は豊になり、住民ニーズが多様に変化する中、地方分権の推進も図られてきました。

しかし、東日本大震災は今まで築き上げた地域社会を一瞬にして突き崩し、同時に、分権の理論を復興にそのまま当てはめて国・県・市町村の役割を考えてよいのだろうかという問題を我々に提起しています。

また、コミュニティ意識が希薄になる一方、遠方からのボランティア支援やＮＰＯの活躍等、地域の再興に向けた新たなコミュニティの可能性をどうやって最大限に引き出し、地域の絆を再生させるべきなのでしょうか。

廣瀬克哉氏

東日本大震災は、自治体学会に重い課題を投げかけています。被災当事者や被災自治体の意思を最大限尊重した復旧・復興でなければならないという命題と、人も自治体も単独では生きていくことができないという圧倒的な現実の間の折り合いをどうつけていくべきなのか。

別な言葉で表現するならば、一定の集権的な措置が無ければ、現実を前に進めていくことが困難であることが明らかであるなかで、分権的な市民主体、自治体主体の復興のみちすじを確保していくことは果たして可能なのか。そしてまた、それがより良い成果を生むことが確信を持って主張できるのか。同様の関係は、市民や地域コミュニティと自治体との関係にもあてはまります。極限的な事態を前にして、私たちの社会を根底から問い直しながら答を見つけていなければならない、重い宿題です。

自治体学会ニュースレター No.150 表紙より抜粋

当フォーラムは、右記の廣瀬克哉先生による問題提起を核として、特定の町（宮城県七ヶ浜町）を例にして実際の復興計画案を示しながら話合います。

地域特性や被災状況等の前提が異なるため、話し合いの俎上にのせるのは個別具体のものになりますが、ミクロな視点で突きつめていく先に、他の地域でも活かすことが出来る普遍的な原理を見つけることができたら、と考えています。

【日時・場所】
平成23年11月26日（土）　12時半～3時
七ヶ浜町役場（水道事業所2階会議室）

【内容・出演者】
1　挨拶・渡邊善夫氏（七ヶ浜町長）
2　七ヶ浜町と宮城県の復興計画、国の復興基本方針（以下、復興計画）策定に関わる方から、計画の概要や意図、背景、効果等を解説してもらいます。
・町の視点……遠藤裕一氏（七ヶ浜町政策課震災復興推進室係長）
・広域の視点……飯川斉氏（松島町震災復興計画検討会議議長・自治体学会会員）
・国の視点……石山敬貴氏（民主党衆議院議員・宮城4区）
3　そして、これら3層の復興計画がどうあるべきなのか、生活者自身はどう関わればよいのか、有識者からアドバイスをもらいながら、会場との意見交換を通して地域の復興を考えます。
・有識者の視点…廣瀬克哉氏（法政大学教授・自治体学会企画部会長）
・司会進行……矢野奨氏（河北新報社塩釜支局長・自治体学会会員）

【ご参加ください（参加無料）】

・七ヶ浜町で暮らしている方、働いている方
・自治体学会会員
・ほか、まちづくりや復興に意欲のある方

【主催】
　自治体学会東北ＹＰ

【後援】
　七ヶ浜町
　自治体学会（このフォーラムは自治体学会の地域活動支援金を受けています）

～　復興を誓って、前へ。がんばろう　七ヶ浜！！　～

フォーラム［パネリスト講演］

実り多い震災フォーラムを

渡邊善夫（七ヶ浜町長）　皆さま、こんにちは。日頃は町の行政に多大のご協力をいただいておりまして、この機会に感謝と御礼を申し上げます。そして、過般、町の「復興計画」の説明会にも多数の皆さまにおいでいただきましたことに御礼と感謝を申し上げる次第でございます。

今日は、司会の方からご説明がありましたように、「七ヶ浜町で考える・復興と住民自治」でございます。過般ご説明を申し上げました復興計画を俎上に載せて、いろいろな形で議論をし合うということのようでございます。そして、より実り多い震災フォーラムでありますことを、心からご祈念申し上げる次第でございます。今日は三時間ほど、よろしくご拝聴いただければ、この上ない幸せでござ

渡邊善夫町長

います。本日はどうもありがとうございました。

矢野奨（河北新報記者）　皆さん、こんにちは。私は河北新報塩釜支局に、震災後の六月一日から赴任しております、矢野と申します。本日は河北新報ではなくて、自治体学会の会員として司会進行をさせていただきたいと思います。

どうして本日のフォーラム「七ヶ浜町で考える『復興と住民自治』」を考えたのかを説明します。私たちも含めて、みんな今回の震災の被災者であり、震災から八ヶ月が経った現在、これから復興に向かっていかなければいけないという状況にあります。今、さまざまな「復興計画」が示されていますが、その「復興計画」を形にする担い手はわれわれ住民であるはずです。

国の「復興計画」が示され、県の「復興計画」が示され、先ほど町長さんからお話がありましたが、七ヶ浜町でも、町の「復興計画」がつい先日完成して住民説明会が行われました。ところが、その「復興計画」の本来の担い手であるべきわれわれ住民の側から見ると、国・県・市町村という三つの層から「復興計画」が下りてくるので、復興の全体像、輪郭がなかなか立体的に見えてこないという問題があります。

本日は、国の立場、広域行政に詳しい立場、地元の七ヶ浜町の方という、三人のパネリストにおいでいただいておりますので、それぞれの「復興計画」の概要をお聞きして、復興の主体である住民が全体像をつかむことが一つの大きな狙いです。

もう一つは、今回の震災の復興を考えるときに極めて重要な問題提起があります。こちらにいらっしゃる廣瀬先生が提起されている問題です。それを読み上げます。

「被災当事者や被災自治体の意思を最大限尊重した復旧・復興でなければならないという命題と、人も自治体も単独では生きていくことができないという圧倒的な現実の間の折り合いをどうつけていくべきなのか。別な言葉で表現するならば、一定の集権的な措置がなければ、現実を前に進めていくことは困難であることが明らかである中で、分権的な市民主体、自治体主体の復興の道筋を確保していくことは果たして可能なのか。そして、また、それがより良い成果を生むことが、確信を持って主張できるのか」。

そういう問題提起をなさっています。

確かに七ヶ浜町もそうですが、圧倒的な津波のパワーとがれきの中で、住民が「いや、私たちがこれから自分たちで復興を成し遂げますよ」という言葉を、三月一一日のあの日に、果たして言えたかどうか。「誰か、助けてくれよ」というのが率直な気持ちだったと思います。ところが、八ヶ月経ってみて、国・県・基礎自治体の復興計画ができあがってくる。多少穏やかになってきて、これからの生活を考えると、ここはこうやってほしい、こういうふうに使い勝手を良くしてくれると復興が進むのだけどとい う、いろいろな思いがある。やはり自分たちで復興はやらなければいけないなという思いも芽生えてきている。

これだけの規模の震災の中で、果たしてそうした住民主体、分権型の復興は可能なのか。あるいは、そうではなくて中央集権型のパッケージされた「復興計画」のほうが、より効率的にわれわれの暮らしを復興することができるのか。それらのことを、今日のパネルディスカッションを通じて考えていきたいと思います。まずは三層からなる「復興計画」の全体像を、われわれ住民自身がつかむ。そこから復興を始めていくという趣旨で、本日のフォーラムを企画いたしました。

パネリストを紹介します。七ヶ浜町から町役場の震災復興推進室復興推進係長であります遠藤裕一さんです。先日、住民の皆さん方に示した町の復興計画のとりまとめの中心的な役割を担った方であります。

もうひと方は松島町の震災復興計画検討会議の議長をなさっている飯川斉さんです。飯川さんは松島町の計画づくりの中心的な役割

矢野　奨（やの・しょう）

を担いましたが、それともう一つ、県の復興計画についても大変詳しい方でいらっしゃいます。今日は県の復興計画についてもいろいろ解説していただけるかと思います。

そして、国の立場から復興計画についてご説明いただくのは、地元宮城4区選出の民主党衆議院議員の石山敬貴先生です。

石山先生は、衆議院議員として東日本復興特別委員会の委員をなさっております。今、国会でもさまざまな復興関連の法案の審議が始まっておりますが、そうした議論にも加わっておられますので、政府与党の立場から政府はどのように復興を進めていくのかというお話をお聞かせいただきたいと思います。

本日のパネルディスカッションのコメンテーターをしていただきますのは、法政大学

パネリストの皆さん

教授の廣瀬克哉先生です。

　そもそもこのフォーラムを開催しようというきっかけになりました問題提起をされている先生でもあります。そして、この震災に関しては、岩手県陸前高田市に何度も通って、地元の復興計画づくりなどについて住民と共に話し合いながら、ご支援をされております。その一方で、地方議会の改革についても研究を進めておられまして、さまざまなシンポジウムなどにもご出席され、全国各地の地方議会改革のお手伝いなどをされております。住民と行政と議会が三位一体となった復興計画の推進を提唱されております。

発言を熱心に聴く住民の皆さん

国の「復興方針」

石山敬貴　皆さん、よろしくお願いいたします。ただいまご紹介いただきました衆議院議員の石山敬貴でございます。三月一一日の津波、震災におきまして、当地、七ヶ浜町におきましても多くの皆さまがお亡くなりになられ、行方不明の方もいまだにいらっしゃる。また、その中におきまして家屋等が流され、多くの被害が出たことに対しましして、心からのお悔やみを冒頭に述べさせていただきたいと思います。

現在の進捗状況も含めまして、国が考えていること、こういう方針だということを皆さまにお話しさせていただきたいと思います。先ほど、司会の矢野さんから、こういうお話がございました。今、国の復興計画、県の復興計画、そして、お手元に資料としてお配りいただいております七ヶ浜町の復興計画、三つあるけれども、早い話、これのどれがどうなっているのかがよくわからない。そういう問題提起がありました。

まず、ここからすごく雑駁な話になりますがお話をさせていただきます。どれが一番詳細、具体的な

「復興計画」なのかといえば、当然皆さまが町からご説明をいただいている、この町の「復興計画」となります。これが本当に微に入り細に入り、それこそ津波の被害がひどかった、それぞれの浜の「復興計画」がこのように出ていて、まず目に見えるものはこれでございます。

県・国の役割は何か？

地方自治体の予算では今回の「復興計画」は無理

では、県と国の役割とは何か。まず、七ヶ浜町独自のお金、地方自治体の予算では今回の復興計画は成り立ちません。七ヶ浜町におきましても大体の予算が出ているかと思いますが、私が知っているところの事例で数字をお話しさせていただきます。今回、当地区と同じ、またそれ以上に被害が大きかった南三陸町がございます。南三陸町の計画どおりに、高台に復興住宅や新しく宅地の集約を行いますと、トータルで一二〇〇億円のお金がかかるという試算が出ておりました。この一二〇〇億円を今までの法律に基づいて行なっていけば、国が二分の一、県が四分の一、残りを南三陸町で支払わなければいけないとなっておりました。つまり南三陸町で一二〇〇億円の四分の一、三〇〇億円を支払えということになります。しかしながら、南三陸町の一年間の一般会計は実は七〇億円です。その七〇億円を全額、高台移転のための三〇〇億円に投資できるかというと、できるはずもありません。せいぜい、いわゆる自由に使えるお金というのは、南三陸町で見ても七〇億円のうち一億円ぐらいです。二〇〇年間、それを払い続けなければいけないのかという、非常に現実的なことになります。

今の事例も一つですが、既存の法と合わないことが今回の震災におきまして本当にたくさん出てまいりました。ですから、それを一つ一つ、時間もかかってはおりましたが、法律を改正していきました。例えば今のような高台移転であれば国が全額持ちますということが、ほぼ決定されつつあるのが本国会でございます。

ですので、皆さまの計画に基づきまして、七ヶ浜町においても高台移転をしますと、そこにかかる費用、土地の造成、地盤沈下してしまったところのかさ上げ、破壊された防潮堤の再建に関わる費用等々は、全部で四〇事業を定めておりますが、国庫負担となってまいります。そういう方針ができましたという段階で、あとで飯川さんから県のお話がありますが、県はその予算に基づいて宮城県全域、広域でやることもありますので、そういう計画を立てつつ、または市町村の復興計画をとりまとめていくことが県の仕事になってまい

石山　敬貴
（いしやま・けいき）
衆議院議員、東日本大震災復興特別委員会委員、内閣委員会委員、農林水産委員会委員、農学博士。

ります。これが本当に大枠のことでございます。

基盤整備をお金の面で支援

ですから、今、**三次補正予算**の中で本格的な復興予算と、そして復興特区、復興庁のことなど、私たちも話し合わせていただいておりますが、七ヶ浜町に限らず基礎自治体から出てきました復興計画をできるだけお金的な面におきまして、皆さまにご負担をお掛けしないように行なっていただける受け皿をつくってきたというのが国の役割でございます。

端的に言いますと、国の役割とは、家を建てるところであれば地面の基盤整備をさせていただいている。その上に、七ヶ浜町では二階建ての家をつくりましょう、お隣の塩竈市では平屋がいいよねといったように、その一つ一つのデザインには地域性があるわけですから、それをかんがみて復興計画に表していただく。本当に大まかな、雑駁ではございますが、皆さまにそういうイメージを持っていただければと思っております。

あと、後段のほうで付け加えさせていただきますが、今回の三次補正に関わりまして、これは復旧ではなくて復興のための予算になりますが、それが九兆二五

［三次補正予算］

二〇一一年一一月の臨時国会で成立。東日本大震災からの本格復興に向け、一二兆一〇二五億円の財政支出を盛り込んだ。震災復興関連の支出は九兆二四三八億円。被災地の自治体が集団移転などに活用できる一兆五六一二億円の「震災復興交付金」を新設。被災地向けに一兆四七三四億円の公共事業・施設費を追加し、一兆六六三五億円の「震災復興特別交付税」を自治体に配分する。を自治体に配分する。東京電力福島第一原発事故への対応で三三五八億円を計上。福島県向けの予算をまとめた「福島県原子力災害対応・復興基金」も盛り込んだ。

○○億円という予算が決定いたしました。そして、一二月上旬まで行われます引き続きの国会におきまして、一つは特区法案を審議しております。これは恐らく、明けまして来週の月曜日に衆議院の通過となっていきます。

復興特区

この特区法案とはどういうものを含んでいるのか。例えば皆さまがお住まいの七ヶ浜町ですと、この七ヶ浜町の高台には特殊なゾーニングがございます。それは何かといいますと、特別名勝松島という、いわゆる景観を守っていくためのゾーニングです。そのほかにも、一般の地域ですと農振地域、市街化調整区域とか、平時であればそれぞれ意味があるものですが、そういうものに関わっていたら高台移転も思うようにできないわけです。高台に移転しましょうと決断しても、いや、ここは松島の景観を守らなければいけない地域だから引っ越してはダメだ。もちろん松島の景観は大切かもしれませんが、それは住民の皆さんの安全な今後の暮らしという部分では全く意味不明なことになります。

ですから、この特区法案で、今回の震災地に限っては、そういうことは

［復興特区］

東日本大震災の復興を支援するため、被災地の一定区域で期間を限定して規制緩和や税制優遇などを行う特例措置。対象地域は、震災で「特定被災区域」などに指定された一一道県の計二二二市町村。特例措置は、（1）養殖の漁業権の民間への開放（2）農地の宅地転用など複雑な土地利用手続きの一括許可（2）新規立地企業に対する五年間の法人税免除―など。

財政面では、住宅の高台移転など五省四〇事業の補助事業を束ね、使い道の自由度を高めた復興交付金を配る。宮城県では、村井嘉浩知事が、水産業を活性化するため漁業への民間参入を促す規制緩和を提唱しているが、漁協側は強く反発している。

あまり考慮しませんよ。もちろん松島の場合、無配慮にはいきませんが、そういうことをオープンにしていく。または、復興庁を創設させていただきます。今、国のほうに要望や陳情で行きますと、これは国交省でございます、これは厚労省でございますと、あちこちに行かされます。これは住民の皆さんよりも行政の皆さんのほうがよくおわかりだと思います。そういうことではなく、窓口を一元化して直接やり取りすることを考えております。

借金買取機構

最後にもう一点だけ、最近可決した法案があります。地域の復興のためには産業の復興が非常に重要です。ところが、中小企業を経営していた方々は、これまでもやはり負債がありました。その負債を抱えつつ、また新たに銀行から借金をして再建となりますと、「それではもう俺はしない」という気持ちになられる方も大勢いらっしゃいます。ですから、そのような二重債務を帳消しにするために、例えば今まで借金がありましたら、それを国が、または買取機構をつくりまして、それを買い取って、いったん帳簿上は真っ白な状態にしてから新たに始めていただくという予算も含ま

［借金買取機構］
正式名称は「東日本大震災事業者再生支援機構」。震災で被災した事業者が、震災前の借金返済に加え新たな借り入れ負担を迫られる「二重ローン」対策の一環で、債権を金融機関から買い取る。買い取り規模は五〇〇〇億円。新たな機構が金融機関から債権を買い取り、最長一五年間保有する。この間、金利減免などの条件変更に応じることで、事業者の借金返済の負担を軽減するのが狙い。買い取り債権は、被災した零細企業や農林水産事業者、医療法人など債権の回収可能性の見極めが難しい債務者が主な対象。国民負担を最小化するため時価以下の価格で買い取り、損失が発生した場合は金融機関にも負担を求めることで、国の負担増大を抑える。

れております。

持ち時間になりましたので、後段の論議の中で皆さまからいただいた質問に加えて、国の行なっていることも深めてお話しさせていただきたいと思います。

矢野　石山さんのお話、国の「復興計画」とは、財政的な責任をまず国で持ちます。その財政的な裏付けがあった上で、本来の復興の主体はそれぞれの地域であり、そこに住む住民の皆さん方だというお話でした。

復興庁

矢野　ただ今の話の中で「復興庁」への言及がありました。

一点だけ質問をします。今の計画ですと、復興庁は東京に置いて、そして被災三県にそれぞれ出先を置くという形になります。宮城県や宮城県市長会などは、復興庁は東北にぜひ置いてくれと要請しています。被災地に近いところに復興庁を置いてこそ、被災地の声が反映されるのではないかという主張です。いろいろお立場があるかと思いますが、個人的にでも結構ですので、どうお考えでしょうか。

石山　私自身の考えとして、ストレートな話、復興庁を仙台に置いてくれと

［復興庁］
東日本大震災からの復興施策の司令塔となる官庁。政府の復興対策本部事務局を引き継ぐ形で二〇一二年二月一〇日に発足した。首相をトップに専任の復興相、副大臣２人を擁し、他の省庁より一段格上の組織に位置付けられる。設置期限は二〇二一年三月三一日まで。復興関連の予算を各省に配分する業務を一元的に担うほか、復興相は各省に勧告できるなど強い権限を持つ。被災地に規制緩和や税財政上の特例措置を認める復興特区や、住宅の高台移転などインフラ整備を中心に自治体が自由に使える復興交付金などを所管する。

いうことを四月から、前の総理のときから官邸に何度か足を運ばせていただいて伝えさせていただきました。特に三月一一日の被害では、私もそうでしたが、七ヶ浜町を回らせていただいて、これから本当にどうなるんだという状況でございました。国はここまでちゃんとやるぞということを、皆さんにもっと知っていただく、または、いい意味でお見せすることによってやはり安心感があるのではないかと考えまして、早い段階で、まだ復興庁議論にもなっていなかった頃ですが、そのような形を主張させていただきました。

ただ、これからは事実だけをお伝えしますが、ここまで経ちまして、復興庁が東京にないと、ほかの省庁や官僚または政治家との意見集約等も実務的にかなり不便である。申し訳ございませんが、そういうことで復興庁は東京にとなってしまったのですね。ただ、私は今でもやはり東北、特に仙台が東北の中心ですから、東北の中心である仙台に置くべきであったのではないかという考えを持ち続けております。

矢野　ありがとうございました。住民の意見を吸い上げるという点では東北にあったほうがいいと思います。

石山　もう一つだけ、それのフォローアップとしまして、当初予定されていた復興庁に派遣される人間よりも倍ぐらいの規模までには、各役所からのスタッフを増やすように今、働きかけております。私としては、本当に一人でもいいので被災地に張付けのような形をとれば、お互いにいいことではないかという、これは私案ですが、今考えているところです。

矢野　一方で、東京に置いて省庁の調整をやったほうが、結果的には住民の復興の役に立つということがあったということですね。

石山　政府の考えですね。そういう考えのもとに東京に置くという最終決定をしたようですね。

宮城県の「震災復興計画」

矢野　続きまして、飯川さんから県の復興計画と、更に松島町の復興計画、これらの計画は七ヶ浜町にとっても参考になりますので、概要と特徴をご説明ください。

飯川斉　七ヶ浜町は震災で大変大きな被害を受け、亡くなられた方も多数いらっしゃいました。心からお見舞いを申し上げます。

私は松島町震災復興計画検討会議の議長をやっており、松島町の復興計画づくりに携わらせていただきました。その過程で宮城県の復興計画についてもさまざま勉強いたしました。そのような立場から、今日は、宮城県の復興計画と、松島町の復興計画についてお話をさせていただきます。

まず宮城県の復興計画についてお話しします。

宮城県震災復興計画は平成二三年一〇月に宮城県議会で議決され、公表されました。宮城県の復興計画には五つの基本理念が掲げられています。皆さま方のお手元に宮城県震災復興計画の概要版をお配りしておりますのでご覧ください。

基本理念の一点目が災害に強く安心して暮らせるまちづくり、二点目が県民一人ひとりが復興の主体・総力を結集した復興、三点目が「復旧」にとどまらない抜本的な「再構築」、四点目が現代社会の課題を解決する先進的な地域づくり、五点目が壊滅的な被害からの復興モデルの構築です。基本理念には、この五点を掲げており、その上ですぐにやらなければならない一一の**緊急重点事項**、さらに将来を見据えてやるべき一〇の復興のポイントを示しております。

飯川　斉
（いいかわ・ひとし）
松島町震災復興計画検討会議議長。自治体学会会員、前松島町長期総合計画検討委員会委員長。

県の復興計画の特徴

1　提案型

宮城県震災復興計画は3つの大きな特徴があります。一点目は**提案型の計画**であることです。宮城の復興のために大切なことを、国、さらには被災市町村に対して宮城県から積極的に提案をしていく計画です。提案の中には、必ずしも県の権限ではないことも含まれておりますが、宮城県の考え方を示した計画になっています。

さらに、財源、つまりお金の裏付けのないことも、この計画には書いてあります。復興には莫大なお金がかかり、今までの制度ではなかなか実現することができません。宮城県だけで、被害総額は約七兆円です。今、宮城県の年間予算は概ね一兆円ですので、これでは復興は全くできません。そのため、正直なところ、宮城県震災復興計画には財源の裏付けはありません。権限の裏付けもありません。宮城県の将来のために大切なことを、様々なところに訴えていく、提案型の計画です。

2　先取り型

二点目は、**平成二三年三月一一日前の状態よりもさらに発展した宮城県にしていく計画**だということです。宮城県震災復興計画は計画期間を一〇年間としております。一〇年後、宮城県の復興が成し遂げられたときに、三月一一日と同じ状態だったらどうでしょうか。その一〇年が全く空白の期間になってしまいます。その間、日本も世界も発展していきます。復興が達成されたときに一〇年後二〇年後の宮城県の姿を先取りしていないと、その後の発展はありません。単に復旧して、元に戻すのではなく、三月一一日の前よりもさらに発展させるように復興計画を進めていくということです。

3　おせっかい型

三点目は、**市町村の権限についてもおせっかいながら口を出させていただく計画**だということです。

宮城県震災復興計画の一つの大きな課題として、高台移転や多重防御があり、津波からどうやって街を守っていくかが書かれています。街づくりは、例えば、七ヶ浜町をどうやってつくっていくかは七ヶ浜町長の権限です。しかし、その街づくりについても宮城県震災復興計画には書かれています。別の見方をしますと、これも提案型の計画であることの一つの表れです。

県の計画で国の全体計画に反映されたもの

矢野　飯川さんは「地域の復興への問題意識」として「震災からの復興は、市町村や県の立案した政策が、国の政策に大きく反映されることとなった、恐らく初めての経験」と述べられています。具体的に宮城県の計画で国の全体計画に反映されたものはあるのでしょうか。

水産業復興特区

飯川　テレビや新聞などで多数報道されていますが、水産業復興特区を村井知事が提唱されまして、大きな話題となりました。県内のほとんどの漁港が今回の津波によって被災しました。それをすべて元どおりに戻すのではなく、集約していく。さらに、現在宮城県の漁業の大部分を担っている漁協だけではなく、民間資本にも宮城県の漁業を担っていただきましょうということです。これは、単に民間企業が来て宮城県で漁業をやるということではなく、県内の漁業者の方々と一緒になって漁業をやっていくことが条件です。そのような特区を宮城県に導入していくことを村井知事が提案されました。

それは大きな議論を巻き起こし、さまざまな方面からご意見、ご批判がありました。しかし、将来を見据えて、漁業従事者が高齢化していく中でどうやって漁業を守っていくかを考えたとき、民間資本の参入は必要なことだと、最終的には、国の全体計画にも反映されました。水産業復興特区は、さまざまな問題を抱えていることも事実ですが、着実に進んでいます。これはまさに県の政策が国の政策に反映された一つの大きな事例です。

矢野　ありがとうございました。先ほど石山さんからのお話にありましたが、国は財政的な下支えで基礎自治体を助けることが大きな特徴であり、宮城県は今回の非常事態に際して、あえて権限ののりを越えて国あるいは市町村に対しても提案型の計画を示すということでした。

松島町の「震災復興計画」

飯川　続きまして、松島町の復興計画について話させていただきます。

松島町では平成二三年七月一九日に復興の基本方針を示しました。その後、八月二一日に、私たち松島町震災復興計画検討会議で議論した結果を提言書として松島町長に提出いたしました。松島町ではその提言書をベースにして松島町の復興計画を平成二三年一二月末まで、作成し公表することとしています。

松島町の復興計画の特徴を三点紹介させていただきます。

松島町の復興計画の特徴

1　住民参加

第一点は**住民参加**です。松島町の復興計画は、住民と協働でつくっています。

松島町震災復興計画検討会議は、二〇代から四〇代までの若手町民が中心となって会議を構成しております。松島町の復興計画は、若手町民の意見がベースになっているといえます。そのほかにも、松島町では住民からご意見をいただくパブリックコメント、または住民の方々に復興計画の素案を直接お話しする住民説明会も設け、地域住民と一緒に復興計画をつくっています。

2　他の被災市町村への貢献

二点目の特徴は、**他の被災市町村への貢献**です。松島町は松島湾の多くの島々に助けられ、他の沿岸被災市町に比べ大きな被害はありませんでした。実質的には、津波による町内での死者はなく、全壊した住宅も二〇〇戸程度でした。こちら、七ヶ浜町は極めて大きな被害を受けられましたが、松島町はそれに比べれば、少ない被害で収まりました。

この七ヶ浜町は、松島町とともに特別名勝の規制がかかっております。この特別名勝の規制によって景観が守られることで、松島町には大変多くの観光客が来ております。松島の景観を守るため、七ヶ浜町には大変お世話になっています。

この大災害のときに、松島町は自分たちの町だけが良ければいいという、そういう考え方は捨てるべきです。そこで、松島町の復興計画では、七ヶ浜町をはじめ東松島市などの大きな被災を受けた市や町に貢献をしていくことを書くこととしております。実際にも、七ヶ浜町で学校給食施設が被災して使えなくなり、現在でも松島町の給食施設で給食をつくって七ヶ浜町の小中学校に運んでおります。

3　観光地の復興モデル

三点目の特徴は、観光地の復興モデルをつくりあげるということです。松島は年間三七〇万人が来ている日本を代表する観光地です。今回被災した沿岸部の中で恐らく最大の観光地ではないかと思います。ここから復活し、復興していくことが、今後、被災を受けた観光地の復活、復興のモデルになるだろうと思います。この観光地の復興モデルを、今回、しっかり松島町でつくっていくべきです。

七ヶ浜町の「震災復興計画」

矢野　次は七ヶ浜町の前期の復興計画です。住民の方には地区懇談会等でもうすでに示されておりますが、改めて、今の国、県の方針などと照らし合わせて、遠藤さんから町の計画についてご説明をお願いします。

遠藤裕一　私のほうでは、すでに三月一〇日までに議会の方々にもご協力をいただきながら、住民の皆さんも含めまして、まちづくりの基本指針ということで長期総合計画、平成二三年度から三二年度の一〇年間を計画したものが策定されまして、三月議会の一般質問のやり取りをしているときに、ちょうど被災しました。本来であれば、それに基づいて今後一〇年間のまちづくりをやる予定でございました。ただ、こういった震災になりまして、今回の震災復興計画も同じような年数にしておりますが、いずれ復興していかなければならない。

総合計画と復興計画

その中でどのようにしていくのかを相当議論したのですが、やはりこういう震災に遭っても、まちづくりの考えとか指針は変えるべきではない。ですので、総合計画の中で定めました「うみ・ひと・まち、七ヶ浜」、うみというのは自然との調和、ひとは人間らしく生きる、まちについては快適で住みやすい。この三つを守っていこう。これで足りない部分、相当足りないのですが、お手元の資料の「計画指針」の中で若干説明させていただいておりまして、東日本大震災から復興という新たな施策の対応をもって取り組むために、復興計画を策定するということです。

ですから、まちづくりの考えはすでに総合計画できちんと徹底的に議論したつもりですが、それに加えて、震災復興に新たな施策に対応することが復興計画の大きな役割ではないかと個人的に考えています。

今まで、石山先生、飯川さんから国と県の計画についてご説明いただきました。では、七ヶ浜の町としてどういう役割を担うのか。あるいは、町としてどういう計画を持っていくのか。七月二九日、国で「東日本大震災からの復興基本方針」を定めていただきました。その最初のほうに「東日本大震災からの復興を担う行政主体は市町村が基本となるものとする」とありました。これを定めていただく前に、市町村側にも意見を求められました。

ここの部分が一番ぼやけていたわけですね。要するに、震災復興を誰がやるのか。国がやるのか、県がやるのか、町がやるのかということでぼやけていたのですが、具体的にこういう内容が書いてあったので、町の考えで、国・県・市町村、もちろん民間も含めた復興について明記して構わない。財源的な段階では今、三次補正の議論をされていますので、まったく付いていないのですが、まちづくりの考えについては町の計画でつくって構わないことがわかった、ここが実質上のスタートですね。

町で、七ヶ浜がどうあるべきかについて総合計画という考え方を具体化しつつ、なおかつ復興をどうやっていくかを計画の中に盛り込んでいくということです。計画の内容についてはお手元の資料にかなり詳しくつくったつもりです。ここで説明しますと一時間以上かかってしまうので、簡単にポイントだけ説明させていただきます。この計画そのものは、これで確定ということではないです。この間の地区説明会の中でもいろいろと意見をいただきました。

あと、ここの中に足りないものはたくさんあります。例えば防災的な考えは盛り込んであるけれども、これでは足りないのではないかと汐見台の方がおっしゃいました。確かにそのとおりです。ですので、まちづくりの方向性は総合計画にあって、震災復興の足りない部分についてはこれに書いてあるのだけど、あとは個別計画の中で、例えば今回の震災に配慮した新たな地域防災計画を見直しすると

遠藤　裕一
（えんどう・ゆういち）
七ヶ浜町震災復興推進室復興推進係長。

か、それに合わせてハザードマップをつくる。そうしたものはまた別なことですが、しなければならないと思います。

震災復興特区の具体的な手続き

加えまして、震災復興の細かいところで、石山先生からもお話がありましたが、震災復興特区の具体的な手続きに入っていきます。これは説明がすでにあったのですが、付け加えさせていただきますと、いわゆる規制緩和とお金をワンセットにして国に認めていただきましょうということです。ですから、今回、まちづくりプランということで具体的に相当書いていますが、足りない部分が結構あります。私はこの地区に住んでいるのだけど、ここは何とかならないのかということが相当ありました。それは今後つくってきます震災復興特区の整備計画に盛り込んでいって、皆さんの意見も極力反映していくことで考えています。

したがって、今回お示ししました、一一月八日に策定したものはあくまでも叩き台というふうに理解していただきたい。スケジュール的には、目標も含めて一月ぐらいから、今度はもっと細かい単位になると思いますが、住民の皆さんと意見交換をさせていただきつつ、住民の皆さんとの合意形成をしていきながら、震災復興特区のための手続き、計画をつくっていく。可能であれば今年度中にそれをつくって、来年度からは事業をスタートできるようなことにまでたどり着きたいと思っています。われわれのほうの組織的な体制も含めまして、今、組織内部で見直しをかけておりますので、それに合わせてということになりますが、いずれ住民の皆さんとの直接、一対一的な感じのものをやっていかなければいけないだろうと考えています。

今回、国の方々から相当支援をいただいています。住民の皆さんには見えていないのですが、国交省のサイドからも直轄調査という名目でコンサルさんの派遣をいただくなど、相当支援をいただいています。国のほうから、今まではあり得なかったダイレクトな支援をいただいております。もちろん、県からも企画部あるいは土木サイドで相当、普通はそういったことはあり得ないのですが、ダイレクトに支援をいただいて、直接やり取りという感じでやっていただいております。

先ほど、今までになかったような新たな法制というお話がありましたが、今後もぜひ続けていただいて、時間的に今年度いっぱいで復興特区の内容を固めればいいのですが、相当厳しいので、できれば来年度以降もそういった支援をいただければ非常にうれしいと個人的には考えております。簡単ではございますが、計画の概要をご説明させていただきました。

その地域に一番詳しい人はその地域に住んでいる人

矢野　各自治体の復興計画づくりを見ていますと、有識者に諮問し、答申を受けて、これを住民に素案として示すというつくり込み方が、一般的です。七ヶ浜町はややちょっとつくり込み方が違いますね。

住民の意見の反映のさせ方も、素案を示してどうですかということとはちょっと違いますよね。七ヶ浜町の手法をご説明いただきたいと思います。

遠藤　これについては、立ち上げ当初から非常に意見をいただきました。うちのほうのオリジナルなやり方だと思います。われわれは震災復興委員ということで、各地区から委員の方を選んでいただいて、その地区を個別にどうしたいのかを徹底的にその委員の方々と議論させていただいたつもりです。それに加えまして、意向調査でどのようにしたいのかを把握しました。一部たどり着けなくて調査ができなかった方がいたので、その辺は申し訳なかったのですが、八〇％ぐらい、被災された全世帯で回れるところは回って、回れない方には郵送でさせていただきました。そういったものを直接的に計画に盛り込みました。

あと、矢野さんがおっしゃったような形で、有識者はいたのですが、その方々とぶっちゃけた話をして、どうしたらいいかということをやったものを、先ほどの復興委員の方々とキャッチボールしながらまとめていきました。ですので、あまり形式的な、儀式的なものにはとらわれずに、住民の声を直接反映できる方法、手法として、われわれのやりやすいようなやり方にもさせていただきました。ただ、このやり方が良かったのかどうか、いろいろあると思いますが、われわれとしてはそういうやり方をさせていただきました。

矢野　あまり専門的な知見に頼らないで、役場が主体的につくっていくというのは、普段から役場と住民の距離感に自信があったということでしょうか。

遠藤　自信はあったのですけども、というか、うちの町は非常に小さい、東北で一番小さい町といわれています。こういう人がどういう人でということは役所で大体わかっているつもりなので、地域の方もそうだと思いますね。

具体的に示しますと、私は被災直後、亦楽小学校の避難所に3月いっぱいはずっといて、四月は計画をつくるということで戻りながらも来ていました。そこには代ヶ崎浜という地区の方々が被災して避難しました。その地区の方々はいわゆる連絡がとれない状態になっていますが、「あの人なら、ここにいるよ」と、われわれ以上に情報網がしっかりしていて全部把握しています。だから、ほかからお客さんが来て、「この方はどこにいますか」とその地区の方に聞くと、全部わかるということだったので、こういう距離感がやはり計画をつくる上でも非常に大切だと思います。

持論ですが、その地域に一番詳しい人は役場の職員ではなくて、その地域に住んでいる人だと思うのですよ。だから、その地域をどうしたほうがいいか、そういう人に聞くのが間違いないと思っているので、それを計画に入れないわけがない、入れるべきだということがありました。いろいろな手法で、大学の先生が客観的に見て、こうやったほうがいいねということもいいのかもしれません。しかし、どうしたいかということに関しては、その地域の、その個々のニーズというか、例えば被災地側に住みたいとか、もうあそこに住みたくないから高台に移転したいという話も含めて、その方々に聞かないで計画をつくるべきではないと、個人的に思っています。

問われている復興計画への「納得」

矢野　さて、国・県・市町村、三層の復興計画の概要と特徴についてご説明いただきました。これを受けまして、コメンテーターの廣瀬先生から全体を見渡してご感想をいただきたいと思います。

廣瀬克哉　改めまして、今回の被災に対してお見舞いを申し上げたいと思います。今回、初めて七ヶ浜町を訪問させていただきました。この復興計画の資料はいただいておりましたので、これを片手に、今日の午前中だけでしたが、ぐるっと見せていただいて、地図の上に落とし込まれた絵だけではなかなか感じられないところもある程度見せていただいたところです。

自己紹介も兼ねまして、今日の資料の中にこういう一枚紙が入っております。お隣の岩手県の南の端、陸前高田市の議会改革のお手伝いを以前やったことがありまして、私の勤め先であります法政大学と明治大学、東京大学、中央大学のいろいろな分野の教員が共同で、ボランティアの支援という形で関わらせていただいているところです。

難しい支援の交通整理

ただ、やってみますと、ややっこしいことは、遠藤さんからご紹介があったように、例えば陸前高田市にも、あるいはこちらにも国の予算でもって、まちづくりや都市計画という専門家の方が住民意向調査をしたり、あるいはいろいろな分析や調査リポートを出されたりという、専門的な支援のために入っておられます。ですが、質問とか、調査のやり方とか、若干の方向性の違いが出ていまして、実は市のほうから直接住民の方に調査をすることはやめてくれと言われるという場面もございました。

お互いに努力して、いい復興をつくっていくために分担をしていきましょうということで調整はできたのですが、いろいろな支援が入ってくるところの交通整理の難しさはやはり感じられました。

また、被災地で暮らしていらっしゃる方の中にもいろいろな立場、いろいろなお考えがあります。例えば防潮堤などインフラをしっかりさせて、物理的に安全なものをつくってもらうことが一番いいという考え方もあります。いや、そこにお金をつぎ込むよりは、私たちのまちで生活がこれからも成り立っていくように、なりわいの再建、あるいは慣れた地域のコミュニティをそのまま維持できることのためにお金を重点的に使いながら、物理的には同じような、あるいはもう少し小さくても津波が来ることは自然現象ですから、これから先いずれまたあり得るわけで、そのときには物は犠牲になっても、ちゃんと人は逃げられて、そこから再建ができるような暮らし方のソフトで対応するという考えの方もいらっしゃる。

そのどちらに立つかによって復興計画の重点、どこに重点を置いてお金を使うかは当然変わってきます。それについてできるだけ多くの皆さんが納得した上で、「うちのまちはこれでいこう」と多くの方の胸に落ちるような形でつくっていく。これが問われていると思います。

宮城県の計画は割合と問題提起型です。先ほどもご説明の中にありましたけれども、これまでどおりに戻すという発想ではもうダメですよね。

これだけ痛めつけられてしまった状態の中から、もう一回復興を目指していく。そうであれば、元あった一〇を目指してはダメで、中身を入れ替えることを含めて、この方向に向けて一五とか二〇を目指してやり始めると、一五年後二〇年後に三月一一日時点よりももっと良い、もっと元気なまちができるのではないかという提案型です。

これはある意味で野心的なやり方だと思うし、非常にいいとは思います。お金と権限を度外視してでも、まず提起することだという段階で提案されています。実際に、ものを動かすときには権限がある組織、これは国、県、市町村です。それと必要なお金。提起したものが全部一〇〇%、それでできるかというと、そうではないことを割り切って提案されています。その中で住民の合意ができて、これをやろうというと同時にお金の裏付けが何らかの形でとれれば、これに落とし込んでいく。

調整の仕組みをどのように盛り込んでいくか

市町村の計画は、もう少し自分たちの権限の範囲、プラス国から今の時点までに大まかに示されてきたこと、これについてはこのぐらいのお金の確保ができる、あるいは特区制度でこういう範囲内では独自のことがやれる余地をつくるということがようやく見えてきましたので、それを踏まえながら、具体的にはこんな絵柄を実現していこうと固めていらっしゃると思います。

とはいえ、やっていく中で、例えば経済情勢も変わってくるだろう。あるいは、こちらではあまりそういう話にはなっていませんが、岩手では非常に高い防潮堤が提案されています。陸前高田市ではおおむね一二・五メートルという提案が出ています。これは、ある意味で非常に安心かもしれませんが、一二・五メートルのコンクリートの壁で海と隔てられたところで暮らしていくことが本当に望ましいことなのだろうか。あるいは、もう一つは一二・五メートルの防

廣瀬　克哉
（ひろせ・かつや）
法政大学教授
自治体学会企画部長。

東京4大学・陸前高田地域再生支援研究プロジェクト

陸前高田の応急仮設住宅団地　役員情報交換会報告〈速報版〉

2011（平成23）年10月31日

東京4大学(法政・明治・東京・中央)・陸前高田地域再生支援研究プロジェクトでは、8月4～8日及び16～20日の2期に分け、市内53の仮設住宅団地の立地条件や生活環境、自治会や居住者の状況、団地運営で工夫している点、問題点等についてインタビュー調査を実施しました。その調査結果の速報版を9月初旬全仮設住宅の自治会長さんにお届けいたしましたが、このたび、その調査報告書がまとまりました。

その報告を兼ねて、10月14日(金)から10月16日(日)にかけて、市内5ヶ所(長部コミュニティセンター、下矢作コミュニティセンター、高田一中仮設住宅団地集会所、竹駒コミュニティセンター、モビリアセンターハウス会議室)において、仮設住宅団地自治会長ら役員の方々合計30名(オブザーバー4名含む)の参加を得て情報交換会を行いました。今回の情報交換会では、仮設住宅団地の生活環境上の課題(冬季対策等)や地域再生・復興に向けての方向性や課題などについて話し合われました。

取り急ぎ、主な意見を取りまとめた速報版をお届けいたします。

冬季対策など生活環境上の問題

今回の情報交換会では、仮設住宅団地の生活環境上の現時点の重要な問題として、これから訪れる冬への対策などが意見として出されました。以下、情報交換会で挙げられた主な課題に関してまとめてみました。

1つ目として、**暖房器具に関する課題**が多く挙げられました。まず、寒さ対策に関する行政対応の情報が共有されていないことが指摘されました。

気仙沼市の仮設住宅でボヤが発生したこともあり、火災に対する危機意識が強く、仮設住宅団地によっては、火災予防のため反射式ストーブや電気ストーブなどの使用を禁止にしていることが報告されました。

〈陸前高田市の暖房器具対策〉
情報交換会において、ある団地の自治会長さんが、市に問い合わせをしたところ、市は、国の暖房器具の設置に関する通知に対応して、石油ファンヒーターの給付を実施するとのことでした。今後、市から具体的な対応が示されると思われます。

2つ目として、**冬季の火災への心配**が挙げられました。仮設住宅団地によっては消火栓が無いところがあることや、消火器が仮設住宅団地の各棟に1つしか設置されていないことなどが課題として出されました。また、仮設住宅によっては窓が高く、火災があった場合に高齢者が窓から逃げられないなどの仮設住宅の構造上の課題が指摘されました。

竹駒コミセンでの情報交換会の様子

3つ目として、**仮設住宅団地の環境に関する課題**がいくつかあげられました。まず、駐車場が十分確保できないことが課題として出されました。数台車を保有している家庭も多く、路上駐車や畑を借りるなどして対応している現状が示されました。また、仮設住宅団地によっては暗いところも多く、安全面から街灯の設置を県の保守管理センターに要望しているが、予算の関係で時間がかかるかもしれないことや、街灯などにかかる共益費が高いことなども課題としてあげられました。

県・建築住宅課は、今月中には県内約1万4000戸の仮設住宅全戸に、室内用の小型消火器を配布する予定です。

潮堤を整備するまでにかかる期間とお金を考えると、その時間とお金を別のところにもっと集中したほうがいいのではないか。そういうことをおっしゃっている方も市民の中には多いのですが、ひょっとするともっと具体的な図柄ができていて、こうなりますよと見えたときに、また評価が変わってくるかもしれない。

そういうときにどのように最終的な実行する中身を策定していくのか。今回いろいろなところで決められて、来年度予算の頃から動き出すものは、途中であまりぐらつくようではいけませんから、ある程度方向は定まらないといけない。しかし、少し動きながら調整する余地を残しておかないといけない。今回のような長期間かかる復興ですから、今はあくまで第一ステージであって、第二ステージ、第三ステージが来るという前提で、その調整の余地と調整の仕組みをどのように盛り込んでいくかが問われているのではないかと思っています。

陸前高田市では、われわれ大学のグループは特に仮設住宅の自治会長さんと連携をとりながら、いろいろな声を聞きながら、必要な情報提供をしています。例えば国土交通省はこんなことを考えていて、こんな制度が使えるから、例えば高台移転であれば、地元としては今のうちからこういうことを準備したり、検討したりしておくといいですねという情報提供をします。あるいは、仮設住宅で消火器が足りないという話を伺って、市役所や県庁にお伝えして、これから冬になりますから、もう少し手厚く消火器を配布してもらう。

行政の動きについては、陸前高田市では今、ようやく復興計画案の住民説明会が終わったところです。最初のうちは、県の計画も出て、国のお金のめどもある程度見えてきたので、今回はこれでやらせてくださいという形の説明会として一〇月の後半ぐらいに始まりました。それからあと、住民の方とのやり取りの中で、これはあくまで叩き台にすぎませんから、皆さんの意見を伺って確定していくんですというように少し変わってきました。そういう中で対話をしながら考えたことを念頭に置きながら、少し補足とコメントをさせていただきたいと思います。

制度の使いこなしが大事なポイント

まず、七ヶ浜町は人口が二万人ぐらいでしょうか、その規模で、地理的にも比較的コンパクトにまとまった、人の顔が見えやすい町だなと思いました。そこの中で計画を立案してこられました。これから具体的に、例えば高台に移転するにしても何という制度を使って、直接的には自治体から、その裏付けで言うと国がいくら持ってくれて、県がどのようにサポートして、移転する方ご自身の自己負担がどうなるかという組み合わせになってきます。うちの地区ではこれだけの規模だから、この制度を使う。ところが、あるところでは一戸だけだとなると、その扱いは変わるのか、変わらないのか。

実は自治体がやってくれるサービスは非常に身近ですが、その舞台裏で動いている仕組みは、暮らしている者にとって必ずしも身近とは限らないわけです。似たサービスや事業だけれども、実は裏付けになる権限やお金の流れ方が違うと、いろいろな基準や対応しなければいけないやり方が違っていることが多々あります。ここの翻訳とか交通整理をする役目をどうやって設けるかが、これから先の大事なポイントになってくるのではないか。

いろいろな仕組みの組み合わせ方については、計画の絵柄づくりを少し変えると使える制度が変わります。あるいは、複雑だったものがよりシンプルに、全体として三種類使う予定だったものが二種類か一種類に集約できるということもひょっとすると出てくるかもしれない。

この「どんなまちにしますか」については、そこに暮らしていらっしゃる住民の皆さんの意見は非常に大事です。「こんなまちにしたい」というまちの絵柄については、それぞれご意見があり、そこで暮らしている者が制度や都市計画の専門家でなくても、「こんなまちにしたい」ということは当然言えるわけです。ただ、そんなまちにするためにどの道具が使えるのか、この道具だとお金が出ないとか、それについての交通整理役が仲立ちとしてどう入ってくるかが問われてくる気がします。

専門家のサポートと住民期待のズレ・その調整

今、いろいろなところで、例えば専門家の派遣というサポートの仕組みが整えられつつあるのですが、そのメニューを町としてはどう使っていくのが効果的かうまく使えないと、専門家の持っている専門の中身と、町あるいは住民のほうで期待するサポートとのズレが出てくる。そうすると、せっかく来てもらったのにどうもかゆいところに手が届かない、あるいは、その方の専門からいくと、その方向ではなくて、こちらを向いて考えてくださいと無理やり強制されてしまうことも起こり得ます。

そうなると、住民の方の思いと裏腹のことに行ってしまうリスクがないわけではない。その辺りの交通整理を誰がどうやっていくかが問われてきます。それをやっていくことが大事だということが一つあります。

もう一つは、このまちをどうするかをまちの住民が決めたい。それは当たり前のことだと思います。それと同時に、例えば松島湾全体、先ほどの特別名勝ということで言えば、松島の名勝から見た海の向こうの風景が全部合わさって松島ですよね。しかし、観光客は松島町を中心に来られている。だからこそ、松島町では他の自治体への支援、貢献が復興計画の中身になってくるわけです。

この松島湾全体で、ここは観光で生き、ここは水産で生き、その水産で捕れたものを松島に観光で来られた方が消費する。いろいろな関係性の中に、まちは生きている。

広域調整なしに復興はない

もっと大きな図柄で言えば、日本全国において、これからの東北はどういう位置で、その中でどういうふうに暮らしていくのか、経済をどう回していくのか。その東北の中において宮城はどうなのか、あるいは宮城県の中で沿岸部はどうなのか。そういう位置づけの全体としての整合性がなければいけない。例えばあり得ない話で言いますと、こちらは観光で生きていこうとするときに、一方では産業誘致をして工場の明かりが夜になっても光っているような地域にすることで生き延びようということを隣同士でやると、お互いに足の引っ張り合いになることもあり得ます。ですから、広域の調整なしには今回の復興はいかないと思います。

その意味では、県が描く絵柄は広域的な整合性をとることに関わってくるでしょう。しかし、それも従来どおりに戻すのではなくて、将来の、例えば全国の漁業の体制の中で例えば宮城の漁業をどうするのか。その宮城の漁業の中で、七ヶ浜はこういう土地だからこんなふうにしていく。それをどのように調整していくか、恐らく大きな課題になるだろうと思います。

これは行政と政治との関係の話になりますが、市町村長さん、知事さんも政治家ですが、行政のトップとして、県行政であれば巨大な行政組織の職員さんの集団を率いて仕事をされている。その中で、職員さんたちがいろいろなところで調整をしながら、全体としての絵柄がどうなのか、住民の方と対話をしながらつくっていきます。

調整と納得の場所が問われている

例えば復興計画の説明会、正直、この計画だったら誰にもわかりやすい、よくできていると思いました。しかし、そうでないところでの話を聞くと、いきなり「説明会です」と言われて、何一〇ページかの資料、きれいな絵も含めて書いてあるのだけども、いろいろな事業の組み合わせを含めて、三、四〇分で一気に説明されると、とても咀嚼できない。「どうですか、これでいいですね」と問われても、なかなかどこがポイントなのか。行政の方が訴えたいポイントは伝わってくるけれども、暮らしている者にとってみると、関心はそれだけではない。

例えば、今水没しているうちの土地はどうなるのか、買ってもらえるのかどうか。国が買ってくれるのか、買うのならば値段はいくらなのか。それによって、自分の次の住宅に対するお金の使い道や使える額がまったく変わってきます。その辺の条件が決まらないことには、「高台に行きますか、行きませんか」と言われても、自分の生活設計としてできないのではないか。その辺の設計なしに、町から「こんな絵柄に」と言われ、「これでいいですね」と言われても、ちょっと待ってくださいという話になる。行政でいろいろな制度をよく知っていらして、それを組み合わせて、ベストなものを実現するためにどうしたらいいかと設計されている立場からの説明がある。それに対して、そこで暮らしている者の素朴な意見、懐具合、これからの暮らしをどう再建するかというときに懸念がある。例えば仮設住宅で仕事を探しながら、この冬をどう越そうかと考えている人には、週一回、役場へ来て議論して市民参加で物事を決めてくれという余裕が残念なことにないという方も大勢いらっしゃる。

そういう時に参加できない人たちの代わりに議論をして、住民からの疑問を行政にぶつけて、返ってきた答を住民に伝え、それを通して初めて住民の側も論点を押さえたうえでの意見が固まってきたり、利害関係がやっと具体的に見えてきたりする。それが代表制民主主義に期待される役割です。当事者である「本人」の代わりに議論をし、論点を明確にして伝え、それによって当事者の間にある意見や利害関係の違いと、その組み合わせを媒介していく。そこには対立も含まれているのが普通ですが、それについては、どこかで何らかの合意や決着に落とし込んでいかなければ政策は定まらない。

どこで誰がどうやって調整をつけて決着するのがいいか。どういう決着の仕方だと一番納得がいくか。あるいは、決着の仕方について理解しやすいか。納得がいく手前の段階として、これは何の論点が問題になって、どう決着したかが理解できることが大前提です。理解できた上で、それでもなお納得できないか、それなら仕方がないと納得できるかに分かれてきます。

この調整と納得の場所が問われているのだろうと思います。それを広域でやっていく。つまり、県全体における七ヶ浜町はどういう位置づけの町になっていくのか。元に戻るのではなくて、二〇年後にはもっと先へ進んだ違う姿をつくるということであれば、その違う姿の中でどんなまちを目指すのか。

七ヶ浜町がこう目指したいと言っても、松島町は違うという考えもあるかもしれない。それをどこで調整しますか。それが、われわれの目に見えやすいところで、なるほど、ポイントはそこだなということが納得できるような議論をやってもらわなくてはいけない。今、代表制の機関にそれができているかどうか、それをやや度外視して言わざるを得ないのがちょっとつらいところです。

もともと議会、代表制民主主義、あるいはもっと言えば石山先生がやっていらっしゃるお仕事は別名で「代議士」、代わりに議論をする人です。全員がいろいろな計画について調べて制度を理解して、お金の流れも把握して、これがポイントだという議論をすることは、とても住民全員ではやりきれません。これを的確に把握してやってくれるべき人を、われわれは選挙で選んで議会へ出てもらっています。県の場合、県議会は復興計画を議決することで関わられていますから、県議会である程度おやりになっているわけです。

この問題提起型の計画について言うと、次の落とし込みという段階が来ます。こういう提案型のときは総論賛成・各論反対、総論ではそんなに異論が出てこない、具体論の中で、漁業特区にしてもいろいろな異論があることは存じています。具体に落ちてくればくるほど調整は微妙なところになってきて、それをどこでどうやると納得がいくか。その調整の場に対して、「私はこう思うんだ」という声をどれだけ的確に伝えられるか。それが問われるのだろうと思います。

その「解」をどうつくるか、そして、どのようにその人たちに伝えるか。例えば土地の買い上げと移転の経費、それに対する負担の問題、これは行政の方からも制度の説明がいろいろあると思います。ものによっては、これから先の国会の審議・議決によって初めて定まるものもまだまだ出てきます。「今、国会で○○法案が通りました、大まかにはこうです」と報道されます。それによってうちの町の復興で言うと、どの事業は法律の裏付けがあって、どの事業はまだ提案段階で、どのお金は議決されているのかどうか。こうしたことの通訳をして解説する役目と、そういう議論をして決着をつける場へ持っていくパイプをどう豊富にしていくかが今、問われている気がします。

分担のあり方がよく見えていない

この交通整理ができると、お金と権限の面において大切なことを国がしっかりと責任を持ちますという役割と、県が調整をしながら広域的に東北地方をどう復興していくかという絵柄をしっかりと確実にしていき、かつ、市町村にいろいろと足りていないところをサポートする、そして市町村はそれぞれの暮らしの場から出た地域の特性に応じた中身をつくっていく、それをうまく分担できるわけですね。今、この分担のあり方がよく見えていなくて、とりあえず住民のみなさんが直接接しているのは町役場なので、町役場から伝わってくることについてまずはそこでいろいろな意見を言って、そこに反映をしてもらうことからスタートしています。

そういう何段階かを通って、国のお金のつけ方について、これだけは何とかしてねということが町から県に上がって、県を通して国の制度として来年度以降の話についても確保していただく。

それと同時に、特区その他において国の権限をある程度越えてもいいとなったときに、時としてあることですが、せっかく自己決定の権限を得たのにあまり自由になると収拾がつかないので、「これはこうなっていますから、これしかできません」という説明をする自治体も残念ながらあるかもしれない。それについて、やや外側の視点から、こんな制度も使おうと思えば使えるのだから、地元の市や町に働きかけて、「この地区だったら、この仕組みを使うことがいいと思いますよ」と支援する。その辺りの組み合わせ方を工夫していくことが問われています。

市町村・県・国という三層で、いろいろな物事を分担し合っているわけですが、この分担が、時として組み合わせにくくて現場では使い勝手が悪いことがある。国がせっかくメニューをつくったのに、自治体がうまく使いこなしていない。双方でフラストレーションだけがたまるということにもなりかねない。ここのつなぎが大切だと感じました。

そういう観点から、今日は、石山先生は国会議員で議会の立場ですが、例えば県議会や町議会と行政との関係、それから住民の皆さんと自治体との関係の中の交通整理について、だんだん具体化していくプロセスで、例えば、どんなことを想定し工夫していらっしゃるのか。特に町としてはどうなのかを含めて少し補足をいただくと、今日ご参加の皆さんが復興計画を具体化していく中で、次のステップはどんな形で役場と対話していけばいいのか、少し情報として持って帰っていただけるのではないかと思います。その辺の補足を遠藤さんからいただきたいと思います。

合意形成のため、「新たな制度」の勉強

遠藤　先生、ありがとうございました。大変参考になりました。町側の今後のスケジュールの部分で、これまでの計画は叩き台だったということはお話しさせていただきました。廣瀬先生がおっしゃったような、自分のところはどういう制度でどういう形になるのか、あるいは具体的には「被災地を買い上げてもらえるようだけど、いくらなの？」という話はもちろん出ると思います。ですので、われわれとしては住民の皆さんとの合意形成をする際に、勉強会をしながら合意形成ができないかと考えています。例えば自分のところが、この絵で見ると津波防災緑地の場所になっていて高台の場所が用意されているようだけど、これはどういう制度でやるのか。あるいは、場所によっては防災緑地しかないところとか、あとは、自分は災害公営住宅に住むから場所は要らない、ただ用地だけは買ってくれるのか。いろいろあると思います。

われわれも今、盛んに情報を収集しています。新たな、今までにない制度が創設されているので、まだはっきりしていないところが多々ありますが、そういう情報を収集しながら、ここの地区はこの制度

適用にしようということを想定しながら、われわれ職員側の勉強会をまず来週やる予定になっています。防災集団移転促進事業とか被災市街地の区画整理事業などの勉強をしようと考えています。まず、われわれできちんと認識したものを、年明けて来年になったら、勉強会と住民の合意形成をコンセプトにしたものをやっていこう。もちろん一回で済む話ではないので何回か、徐々に納得していただけるようなものをやりたいと考えています。

最大の関心事である、被災地をいくらで買ってくれるかということも、国のほうでも明確な考えはまだ示されていないのですが、新聞報道等によると通常の評価額がベースになるのではないかといわれています。ですから、われわれのほうは年内中に簡易評価的なことを何ヶ所かやって、この被災地はどのぐらいになるか、あるいは移り住む高いところがいくらぐらいで買えるのかという部分を試算して、シミュレーション的につくったものを叩き台にして皆さんにお示ししながら勉強していきたいと考えています。その中で皆さんが感じた部分をわれわれに戻していただいて、ここはこうしてほしいということを計画に生かしていきたいと考えています。まだ構想段階ですが、こんなことを今、想定しています。

周辺自治体間の復興戦略連絡会は？

廣瀬　飯川さんにお願いします。もう少し広域の中で、例えば松島湾をぐるっと、どんな絵柄でやるということも大事ですねという話をしました。「貢献」が松島町としては一つのキーワードになっているということでした。

例えば横の連携とか、松島町だけではなくて、その周辺の自治体との間の復興戦略連絡会みたいなものは、その貢献というイメージの中にある程度具体的に考えていらっしゃるのでしょうか。

飯川　松島町は先ほどお話ししたとおり、「貢献」を復興計画の一つの柱にしております。今、七ヶ浜町の小中学校の給食を松島町から提供させていただいており、さらに東松島市の被災者の方々を松島町の避難所で受け入れさせていただきました。松島町から、例えば周辺の市町村と協議会のような組織をつくるという話は、私は聞いていません。もちろん観光を取り上げてみても、松島湾を取り囲む「日本三景松島」は、松島町だけではなくて、東松島市、利府町、塩竈市、七ヶ浜町などで構成しているわけです。松島町だけが周りの市や町と違う方針を持ってしまうと、来ていただく観光客の方にも残念な結果になります。当然、周りの市や町とはいろいろな話し合いをしていかなければいけないと考えます。

ただ、廣瀬先生がおっしゃったとおり、具体的な組織を作るとなってくると、それぞれの市や町の考え方は違ってくると思います。しかし、復興にあたっては、整合性をとる必要があると思っています。それが、県が復興計画の中で整理をしていくことになるのか、それとも各自治体が横の連携をとりながらやっていくべきなのか、考えていく必要があります。

私としては、今回の復興は基礎自治体である市町村が主体となるべきだと考えております。各市や町が横の連携をとりながら、復興の整合性をとっていくという方法が良いと思います。いずれにしましても、廣瀬先生がおっしゃったとおり、市町村単位だけではなくて、市町村を超えた、もう少し広いエリアで、復興の整合性をとっていくことが非常に大切だと考えています。

矢野　ありがとうございました。廣瀬先生から、超長期にわたるであろう復興について、住民ニーズを復興計画に反映させるための調整と納得の場をどうつくるかという大きなヒントをいただいたかと思います。

後半は仮設住宅や堤防、高台移転の問題など、皆さん方の関心が高い具体的な課題を素材に、さらに議論を深めてまいりたいと思います。

［会場からの質問］

矢野　質問をいただきましたので、それを交えて議論を各論で進めてまいりたいと思います。国、政府に対して質問が出されております。

国の補償範囲

【各問1】　被災した土地の買い上げについて、国はどういった補償をしてくれるのか。

土地の買上は国の予算でやる

石山　まず、先ほどもお話しさせていただいたように、自治体の負担はなくて全部国の予算でやることになってまいります。

皆さんが非常に心配されているのは、津波被害を受けてしまった土地を、国の予算で幾らで買い上げてくれるのかだと思います。本当は一坪当たり五〇万円だった土地が、津波がかぶったから五万円という評価になったというのがありますが、これはあくまで固定資産税を軽減するための措置で、今考えているのは、そこの土地が少なくとも元のように復興したときの価格を前提としています。イメージ的には、元の地価に限りなく近い地価で買うという方針で私たちは議論させていただいております。もしかしたら、一坪五〇万円だったのが四七―四八万円とかという評価を受ける場合もありますが、そのようになっています。これは住宅の話ではありません。土地に関しては、少なくとも被災者の方が新たに自分で出さなければならないようなことを避ける方向性で、今まさにこの臨時国会で議論させていただいていることを報告させていただけると思っております。

ただ、今、矢野さんのほうから福島の話もありましたが、これは大変難しい問題になってきています。七ヶ浜の皆さんには、間接的にがれき処理のほうで関係が出てくるかもしれませんが、とにかく今私たちは福島にできる限りの除染を行って、そして安心して――これは安全というよりも安心なんですね――住んでいただけるようにしていかなければいけないという方向性で考えております。

しかしながら、ここからは若干私見も入ってきますが、そうは言っても、やはり向こう三〇年、五〇年は絶対に住めないという土地は出てきます。例えば、第一原発の周辺、それは三キロなのか五キロなのかわかりません。ですが、そういう土地は精いっぱいの除染活動をやる。そして、科学的に見ても、「いや、ここで住めというのはつらいよね」というところは、やはりきちんと国が買い上げていく。

具体的に言うと、もしかしたら大熊や双葉の一部の地域になってくるかもしれません。恐らく七ヶ浜においても、がれきを燃やしたりすると、その濃縮された灰からある程度の基準値以上のセシウムが出てきますので、そういう場所は最終処分地として使っていかなければならないのではないかと考えております。

国は、地区の皆さんのお考え、意志の通りに復旧させる

あともう一点だけ。塩竈市、七ヶ浜町ですと、汐見台辺りの農地はかなり傷みました。震災当初は本当に湖のようになってしまいました。こういう農地はどうするんだ、どのように復旧するんだということになりますと、ここも一つの指針としては、やはりそこの農地を持っておられる方の意思が一番重要です。皆さん農家の方々の意思が、「もう一回ここで、汐見台のこの田んぼで米を作るよ」というように固まれば、どのような状況でも農地を元通りにすると決めております。

石巻市の大川小学校ではたくさんの子どもたちが亡くなられました。あの向こう側は長面というところですが、実はあそこは北上川の堤防が決壊して水が流れ込んで、しかも長面の海岸も地盤沈下したために、三年前に基盤整備が終わったばかりの田んぼ二〇〇町歩が沈んだままになっております。ぱっと見ると、もう地形が変わったんだ、ここはもう手をつけないほうがいいんじゃないかというように見える。実は、コスト・パフォーマンスを考えますと復旧は大変厳しいと思われる状況です。しかし、長面の方々が、これは農水省も言っていますし、国も言っていますが、やはりそういう土地であっても、農家の方々がこの地をもう一回復旧して、ここで田んぼを作るんだと言えば復旧する。これは私は委員会で何回も質問して明確に答弁を取っております。ですから一番重要なことは、そこの地区の皆さんがお

考えいただいていることをお伝えいただくことです。

そして、先ほど国、県、町のことということで、また飯川さんのほうから、県でも漁業特区を国で認めたことが一つの代表例として出ておりますが、今回の復興特区は皆さん、本当に認識していただきたいのですが、被災地の意見は本当に通ります。例えば、七ヶ浜町を全部壊してここに工場を造ってくださいとか、そういうめちゃくちゃな意見は通りませんが、これは住民の皆さんの総意ですという意見は、ほとんどど言っていいくらい通っています。ちょっと時間が遅いというご批判はいただいていますが、そのようなご意見も何らかの形で集約していただいたり、お伝えいただければ、ほとんど通っているのが現状です。もちろん、私はそれをしっかりと伝えていく役割ですので、ご意見等をどんどん出していただきたいと思います。

復興の財源

【各問2】　財政についてです。平成の大合併のときには財政的なはしごを外されてしまいました。復興の財源というのは本当に担保してもらえるのでしょうか。

石山　実は、今回の三次補正の予算は九兆二五〇〇億円になりましたが、これではまだ財源が到底足りません。あと一〇兆円ぐらいは足りないのではないかと思っております。必ずしも増税に頼らなくてもできる方法は、まだ一つ、二つは残されています。

一つは、発行されている日本の国債を日銀が買い取るという方法で捻出する。もちろんこれは日銀がうんと言わなければだめです。

もう一つは、皆さんはまた借金かという印象を受けるかもしれませんが、私は建設国債でいいんじゃないかと思っております。建設国債というのは、私たちが長期間使用していく、孫、子の代まで使用していくと思われる道路や港、または今回、宅地を新たに整備するといえば何回か含まれる可能性もあるわけですから、そのようなものを発行する。例えば、あと一〇兆円を、五〇年なり六〇年なりという長期間で使ったとする。例えば五〇年と区切れば一年間で二〇〇〇億円、決して無茶な借金にはならないと思っています。

ただいずれにせよ、やはり私も今議員をやらせていただいている立場上、その財源のことを気にせず、まちづくりに臨める体制を作っていくというのが今の私の責務です。ですから、その部分もしっかりとやらせていただきたいと思っております。

矢野　ありがとうございました。被災地の意見はちゃんと通るんだ、と。その際にどれを被災地の意見に集約するのかというためは、前半、廣瀬先生がおっしゃった「調整と納得の場」がなければならない。被災地の意見として挙げるものを整理していただくことだと思いました。

仮設住宅の「寒さ対策」

【各問3】　半月くらい前にマスコミなどでも仮設住宅の「寒さ対策」が話題になりました。お隣の岩手県は、初めから仮設住宅が二重サッシになっていたり、あるいは玄関のところにひさしがちゃんと作られていたりというのがありましたが、宮城の場合、そういう面では進んでいなくて、仮設に暮らしている方々がだいぶ大変だという話もありました。どうしてそういうことになってしまうのか。仮設については、場所の選定や資材云々、財源などそれぞれ複雑に入り組んでいるようですので、そういう背景もご説明いただきたいと思います。

宮城県が「寒さ対策」を遅れたわけ

飯川　岩手県や福島県では進んでいるのに、宮城県では仮設住宅の寒さ対策がなかなか進んでいないのではないかということは、新聞などでも随分取り上げられて、県議会でも取り上げられました。当初、宮城県では仮設住宅は市町村に建設していただくということで、市町村の対応事項ということにしていました。その市町村内の業者の方々が今さまざまな復興工事をやっておりますので、なかなか手が回らない。

その後、市町村に代わって県が直接仮設住宅の寒さ対策を実施し、一二月末までに仮設住宅の寒さ対策を全部終えることにしております。岩手県は寒いところなので、最初から寒さ対策というのを考慮に入れて造っていたようです。ただ、宮城県と岩手県、福島県とで仮設住宅の戸数は相当違うのです。岩手県では一万三八五一戸仮設住宅が建てられています。福島県でも一万五四六九戸の仮設住宅が建てられています。これに比べて、宮城県の仮設住宅の数は二万二〇四二戸ですので、福島県や岩手県に比べて大体一万戸程多いのです。

ご存じのとおり、今回の津波、地震の被害は宮城県に集中しております。例えば日本全体で亡くなった方・行方不明者の方の約六〇%が宮城県です。今回は津波で土地が浸水しましたが、日本全体の浸水面積の、約六〇%は宮城県です。また壊れた住宅の約六〇%も宮城県です。このように、宮城県に非常に被害が集中しています。ですから、仮設住宅もやはり宮城県が岩手県、福島県に比べて極端に多いのです。この数の仮設住宅を、一定の期間内で造らなければいけないため、とにかく住めることを優先したのだと思います。

もう仮設住宅は十分な戸数ができております。現時点では気仙沼に四〇人程の避難住民の方がいらっしゃいますが、既にその方も含めてすべての方々が入れる数の仮設住宅ができまして、今は、一生懸命「寒さ対策」に全力をあげております。このように岩手県、福島県に比べて、宮城県は仮設住宅の数も含めて被害が極端に多いために、一刻も早い最低限住める仮設住宅の建設を優先した結果だと私はとらえます。

県・市町村の双方向コミュニケーションと信頼関係

石山　事実関係は今飯川さんから話があったとおりで間違いないと思いますが、私自身の話をちょっとさせていただきますと、今回仮設の「寒さ対策」がちょっと遅れてしまったことの本質は、実はもうちょっと別なところにあると感じている部分もあります。

岩手県に久慈市というところがあります。そこの市長さんと一カ月ぐらい前に東京でお話しする機会がありましたので、「岩手はどうして「寒さ対策」も含めて仮設住宅対応が早かったのですか」お聞きしましたら、岩手は多分宮城県より寒いから、最初から問題意識として持っていたんだということは前提として、「あれをやろうと思った時点では、国家はこれに対してお金を明瞭につけていなかったが、今回のことだから必要なことはやってしまって、後で請求すればきっと出してくれると思って始めたんだ」とお話ししておられました。それは久慈だけで始まったことではありませんから、そういう部分があったのだと思います。

ですから、さっきの話とも共通しますが、私どももこの件についてもっと県とやり取りを密にしていれば、もっと早く進んだという気がします。繰り返しになりますが、これは住民の皆さんだけではなく、県や自治体にも改めてお願いしたいことですが、やはりそういう一つ一つの細かなことも――細かくはないですね、これは結構大きなことだったわけですが――どうぞ遠慮なく言ってください。私たちも拾うようにしていきますので、やはりそこにあるのは双方向の、お互いのコミュニケーションとお互いの信頼関係だということを、私はこの仮設の防寒対策に関して今強く感じています。

「上書き権」をめぐる議論

【各問4】　法令の「上書き権」を求める具体的ケースを紹介してください。

矢野　フォーラムの冒頭に石山先生から、現在国会で、復興特区関連の法案の審議が始まったというお話がありました。特区に関しては、今スタートした議論の中で「上書き権」を盛り込むべきである、そういう法案の修正をすべきであるという議論が行われています。

「上書き権」というのは、それぞれの自治体が、法律による規制を条例で自由に緩和することができるという権限です。国は、「こういう法律に基づいてこういうことをやってくれ、こういうことをこういう制度で自治を進めてください」ということでお願いするわけですが、それが使い勝手が悪いとか地域の実情に合わないとき、例えば七ヶ浜町の実情に合わないときには、町の判断でそれを変えることができる。要するに、法令の裁量権を基礎自治体に委ねるという権限を盛り込んだらどうかという議論が始まっているかと思います。

遠藤さんから、「法律はあるけれども、七ヶ浜だったらこういう法律はむしろないほうが助かる」とか、「こういうところはこういうふうに修正してくれたほうが良かった」といった具体的な事例が、もしありましたらご紹介いただけますでしょうか。

市町村独自の制度も認めてくれれば一番いい

遠藤　本当に具体的な話だけさせていただきたいと思います。防災集団移転促進事業というものがありまして、それは被災地側の危険区域、法的に言うと建築基準法三九条で指定して、もう住んでは駄目だよということで高台に移転するわけです。うちのほうの町の中で、菖蒲田のところを危険区域に指定したわけですが、ただ業務系でも使いたい場合があるのです。要するに、危険区域で、住むことは想定しないが業務利用はしたいといった場合に、現行制度だとそういったものはないんですね。危険区域にしたところは、公益施設はいいと言っていますが、業務系はいいとまでは言っていないのです。

想定しなかった今回の震災に対して、そもそも国の法律でこういった部分については、市町村独自の制度も認めてくれれば一番いいのです。しかし、仮に間に合わなかった場合、今言った部分を市町村で定めてOKにしていただくというのだったら、たしかにいいなと思います。

今はそこのところは、そこの場所だけを区画整理事業でやろうということで、ちょっとややこしいことになっていますが、本当に超具体的な話ですが今おっしゃられた「上書き権」の中でそういったことがあるといいなと個人的には思います。

矢野　危険区域でも、今は業務地区として利用できるようになっているのですか。

遠藤　一つの制度ではできないので、そこの部分だけを別の、いわゆる土地交換的な区画整理事業で区分けしてやろうと思っています。本当だったら一般の防災集団移転促進事業でやりたいのですが、やれないのです。それは、その都度いろいろな議論の中で変わるかもしれませんが、今現段階で言うとそういったことなので、やれないわけではありませんが、若干制度適用がややこしくなるということです。

「特別名勝」と商用建物の建設

矢野　前段にありました「特別名勝」松島、七ヶ浜も含めてそういった地域での高台移転や再利用も、「もうちょっと地元の裁量権拡大という取り扱いをしてくれれば、もっとスムーズにできるんだけどな」という事例の一つではないかと思います。

遠藤　その点をちょっとつけ加えさせていただきます。今だと、文化庁サイドは相当柔軟になっているし、県の文化財保護課も相当丁寧にやってくださっていますが、やはり基本的な認可権限は全部国のほうにいくんですね。それは二カ月に一回とかそんな形です。

実際にあったのですが、先ほど私はちょっと避難所の話をしましたが、代ヶ崎浜の方で、被災地側で商売用の建物を建てようとしたところ、特別名勝松島のエリアになっているので建物は建てられるのですが、結局、元の建物を建てるのにも現状認可が出されないんですよ。そういう仕組みなんです。結局、せっかく経済的に産業を再建しようとしても、実際に建て始められたのは確かお盆明けぐらいだったと思います。要するに許可が下りてきたのがそのぐらいだった。

そういった部分は、市町村とは言いませんが、例えば県のほうに権限を落としていただいて、またそういう審査をするタイミングの間隔を小さくしてくれれば、そういう手を挙げた際に多分スムーズに許可が下りる。もちろんむちゃくちゃなことを何でもかんでもＯＫにしてくれと言っているわけではありませんが、例えばそういったものは、そういった権限があったら非常にいいなと個人的には思います。

裁量拡大の行方

【質問５】「上書き権」の見通しは？

矢野　上書き権を盛り込むように求める意見は、どちらかというと野党のほうから出ていて、これが法案成立の修正協議の鍵を握っていると報道されていますが、見通しはどうでしょうか。

石山　私がここで言うのが大変難しいのは、今の正確な情報をきちんと把握しているわけではないからです。私が所属している東日本復興特別委員会の中で議論されていることです。ただ、本当であれば、この復興特区法案が委員会で可決されるのはこの前の金曜日のはずでした。それが延期になりまして、先ほども言いましたが二五日、あさっての月曜日の委員会になっております。この復興特区の件は、上書きも含めて、明らかに幾つかの修正が入ってきておりますので、それが盛り込まれるかどうかという方向性を今やっているところです。

もちろん、今、遠藤さんのほうからお話がありましたとおり、そういう事細かな話になりますと、そのような法律が邪魔をすることになってくるわけです。ですから気づいたところで想定外のことが起きたときに、「上書き」ということを条例でできればといったことも、現場を考えると本当にそうです。ただ、今日、これは逆に先生にもお聞きしたいのですが、そうなってきますと、国の法というものが一町の条例で書き換えられるということになる。これは法治国家としていかがなものかという、非常に大きな問題もはらんでいることになってきます。

ですから、少なくとも今の流れの中では何らかの方法で、特区制度ですから上書きという言葉ではなくても、今遠藤さんからお話しいただいたような、住民の皆さんは「そんなちゃっこいこと」としかお感じになられないようなこと、「そんなことより早く進めてほしいんだ」というのが本心だと思いますので、そういうのはあまり皆さんにご迷惑をかけないような、法の読み込み方でうまく対処するということも考えられます。いずれにしましても、ちょっとまだわからない。このことではっきり申し上げるとすれば、月曜日にならないとわからないことでございます。

自治体の裁量と上書き権

矢野　上書き権の問題については、その自治体の裁量権にかかわってくる話だと思います。これについて飯川さんは法律にも詳しいので、飯川さんと廣瀬先生にこの問題をどういうふうに考えているか、順番にご見解をお願いいたします。

国の役所がどこまで権限を手放すかが「議論の本質」

飯川　条例は、国の法律の範囲内でしか作れないと決まっておりまして、条例で国の法律に反することはできないこととなっています。条例で法律の上書きをするというのは、立法技術的には難しい話ではなく、「条例で別に定めた場合はこの法律は適用されません」と法律に書いてしまえばいいわけです。しかし、今、石山先生がおっしゃったとおり、法治国家としてそういうことで良いのかという根本的な考え方の違いがあります。

もう一点は、実は法律というのはそんなに細かいことは書いていないのです。では、細かいことは何に書いてあるかというと、法律の下に政府が定める政令があって、各省が定める省令があり、そっちに書いてあります。またその下に霞が関のお役人が決める要綱や要領などがあり、そういったものにも書いてあります。本当に細かいことは、実は法律には書いていないのです。

ですので、法律に条例が反するかどうかという議論というよりも、霞が関が、つまり国の役所がどこまで権限を手放すかというところが本質なのではないかと思っています。そうすれば、県の条例で多くのことが規定でき、県の権限で相当のことができると思います。

特別法という考え方

廣瀬　考え方としては二つの視点から見られるかなと思います。

一つは、今回の復興というのは極めて異例の事態であり、極めて特別な場合なのだということです。法律の世界でも一般法と特別法という考え方があって、まず原則として一般的にはこうだという法律があったとして、それとは違うものを、この場についてだけさらにこうという法律を定めることができる。憲法の上からすると、法律というのは全部並列ですが、一般法に対しては、特別法という対象が限定されているほうがその対象については優先というのが基本的な考え方です。

だから、今回も国の一般法で決めていることについて、今回の特区法も特別法の一種、今回の復興に対してだけの特別法の中で、その法律の権限に基づいてこれとこれについてはもう自治体でこれの基準設定なり、こういうことのルールは自治体側に任せますよという決め方をするのも、極めて特殊な場合における特別法の一種としてはあっていいのではないかという割り切りもあるかなと思います。

行政立法で具体化する部分は、県や市町村に書かせるという割り切り方も

もう一つは、もうちょっと一般的な話です。今飯川さんがおっしゃったように、法律は実はそんなに細かく決めていなくて、「こういう目的のためにこういう基準を定めて、それによって許可をする」などと書いてあります。具体的に何に使えるとか、何には使えないとか、何平方メートル以上だか以下だとかいうことは、政令、省令、規則といったところに書いてあるのですが、その部分は国会が決めているわけではありません。憲法の規定では、「法律の範囲内で条例を制定することができる」。地方自治法では「法令に違反しない限りにおいて」と書いてあるわけです。そこで憲法にたちかえって、行政立法

で具体化していく部分については、県や市町村に書かせましょうよという割り切り方です。法律の目的に反した基準を条例で上書きしてもだめですが、法律が「何々のためにこういう基準を立てて審査することはできる」とするのであれば、その目的に反しないように自治体が自由に条例を作ることがあってもいいのではないか。私はそういう考え方もあると思います。

広域連携のあり方

【質問6】　広域連合などの組織が必要なのではないか

矢野　「震災の折には、関西広域連合に被災県を組織立って支援していただきました。今後の貢献という視点を考えた場合に、東北においても、この震災から学ぶものとして広域連合などの組織が必要なのではないか。ただ、そうなった場合には恐らく中心が仙台になってしまうのではないか。その反動で七ヶ浜町が埋没してしまうような広域連合では困るのだが」というご質問です。
これは、広域連合の関係ですが、飯川さんでよろしいですか。お考えがあればお願いいたします。

複数の県が広域で連携を取っていくことは非常に効果的

飯川　最初に事例からお話ししたいと思います。関西広域連合は、残念ながら奈良県は入っていませんが、関西の大阪府、京都府、兵庫県、滋賀県、和歌山県さらに徳島県や鳥取県も入って一つの団体を作り、定期的に知事が集まって、関西のことについて話し合っています。この前辞められた橋下前大阪府知事も積極的にその場で発言をして、国に対しても随分と物申していました。関西は過去に大きな地震の被害を受けましたので、関西広域連合は今回の大震災に当たって、そのサポートにいち早く動いてくださいました。

具体的には、兵庫県と鳥取県と徳島県が宮城県に、岩手県には大阪府と和歌山県が、福島県には京都府と滋賀県が、職員を何百人と張り付けて、各被災県を分担してサポートしていただきました。宮城県も、関西広域連合の方々に相当助けていただきました。

また、関西だけではなく、東北で比較的被害の少なかった日本海側の県にも相当のサポートをしていただきました。お隣の山形県、秋田県、さらには海の向こうの北海道などからも多くのサポートをいただきました。今回の大震災の特徴として、太平洋側の各県は大きな被害を受けましたが、日本海側の各県は、比較的被害は大きくはなかったことがあげられます。

それで、東北地方が一体となって、太平洋側が被害を受けたら日本海側の県がサポートし、逆に日本海側の県が大きな津波に遭って被害を受けたら太平洋側がサポートするというように、助けあってまとまっていくべきだと思います。東北地方全体が同時に津波被害を受けることは想定しづらいので、被害の程度の違う県がお互いに助けあっていくということは、今後を考えたときに、非常に効果的な手法なのではないかと思います。

また、今、国では、様々な権限を各都道府県や広域連合に移していこうという議論が盛んに行われております。これを地方分権といいますが、各県が大きく一つにまとまれば、国に対して、例えば「財源を確保したいので、もうちょっと税金を取る権限を譲ってください」と効果的に言えます。これだけ大きな被害ですと、被災県だけで復興するのは無理ですので、各県がまとまっていけば、もっと早く復興できるのではないかと思います。今後の災害対策、復興対策としても、複数の県でまとまって、広域的に連携していくことは非常に効果的なのではないかと私は思います。

「被災したら応援に来てくださいよ」という姉妹市町の決まり事を作る

また、今回の震災で姉妹市町村が大きな役割をはたしました。例えば、松島町は姉妹市町の秋田県にかほ市から相当大きな援助を受けました。姉妹市町の松島町が被害を受けたということで、にかほ市の副市長と保健師の方々が一〇人ぐらいで、震災の次の日三月一二日に駆け付けてくれました。

私はあのケースを見て、ある程度の距離があって、地形的・地理的な条件が異なる自治体と、「そちらが被害を受けたらわれわれが応援に行きますよ、ただし、こちらが被害を受けたら応援に来てくださいよ」という決まり事を作っておくことが、危機管理上からも非常に良いのではないかと感じました。

質疑応答・感想

矢野　ありがとうございました。会場の皆様方からぜひ発言したいというものがございましたら、挙手をお願いできますでしょうか。

八カ月以上の空白を、スピードを上げて埋めていただきたい

発言者　国会のざまを見ていますと――これはざまと言わせていただきます――日本ぐらいだらしのない国会議員はおりません。石山先生を責めているわけじゃないですよ。石山先生を代表として、日本人は一人一人だと世界一の人間です。ところがこの世界一の人間が一〇人、五〇人、一〇〇人寄ると、世界で一番だらしのない国民になってしまいます。ですから、政治はもちろんですが、われわれの考えはもちろんですが、その辺をひとつくんでいただいて、今後の復興をわれわれ災害者は一日も早く望んでおりますのでお願いしたいと思います。

それからもう一点だけ。間もなく一二月でございます。もう少しいい環境の中でお正月を過ごしたいと思いましたが、それもかなわないままに、寒さをしのぎながら過ごすことになりました。残念です。ここの八カ月以上の空白を、早急に今度はスピードを上げて埋めてていただきたい。このように思うわけでございます。なぜかと申しますと、町内にはまだまだ弱い方々がいらっしゃいます。例えば住宅に入ったからいいんだ、あるいはアパートを借りたからいいんだというだけではなく、もっと掘り出せばひどい方々がおるはずでございまして、その辺まで目を通していただきたい。

最後に、先ほど飯川先生からお話がありましたが、この七ヶ浜の狭い町に、全国から今日五〇〇人のボランティアの方を迎えております。全くありがたい。これが復興の暁には、七ヶ浜町民が全国にお返しできますように、一時も早く解決していただきたい。このようにお願い申し上げたいと思います。

矢野　ありがとうございました。最後のお話はとても大切なことではないかと思ってお伺いいたしました。最後に、パネリストの方々から一言ずつ、一二分間ぐらいで全体の感想をお願いいたします。

細かな部分をフォローしていきます

石山　今日はありがとうございました。最後にご質問をいただいたとおり、テレビ中継の画面の中で[国会の]あのようなざまは本当に申し訳ないと思っております。また、国会のやじなども皆様から非常にご批判いただいているところでございます。

私としましては、もうちょっと時間があって、今こうしていただいたように、皆様からお話ししていただきたかったなというのが最後の感想でございます。何度も申させていただいておりますとおり、先ほどお配りさせていただいている紙に、ちょこっとでもいいですから、至急事がありましたら書いていただければ、私が帰りにいただいて、まずそういうところから、細かな部分に関しましてはフォローさせていただければと思います。

また、今が終わりではございません。もちろん来年のお正月までというのはできない部分はあります。さまざまなことが完結していくまでは、一年、二年かかることにもなってきます。長い戦いでございますから、今日言った限りということではなく、私自身も逐一お話を皆様から受け取らせていただければと思っておりますので、その辺はよろしくお願いしたいと思います。

とにもかくにも、あのような津波があったことは大変忌むべきことでございましたが、今後はこれを踏まえて、だからと言って七ヶ浜町の復興というものを、または今後の発展というものをあきらめるわけでも何でもございません。ですから、住民の皆様と、私たちも含めてお一人お一人の、皆様の相互のお付き合いも含めて、一致団結してやっていかなければいけないことだと思いますので、その辺はしっかりと受け止めさせていただきました。本日はありがとうございます。

自分達の子ども、孫が住まないような町にはしたくない

飯川　会場の方からのご意見には、私も全く同感です。私も、松島町で住民の皆様方と随分お話しさせていただきました。松島町でも規模は比較的小さいものの、本当にたいへんな被害でした。われわれはどうすればいいのか。いったい明日からの生活をどうすればいいんだ、仕事もなければ家もない、どうすればいいんだ、と。本当に難しい問題です。

私が松島町の復興計画を作っていく中で考えることは、自分達の子どもや孫が住まないような松島町にはしたくないということです。

非常に悲惨な災害ではあったけれども、あの災害を契機にして松島町は発展したなと、一〇年後、二〇年後、自分達の子どもから言われるような松島町にしたいと思っています。今の生活を立て直していくことも極めて重要ですが、今後の発展も大事で、どっちも大切です。一〇年後、二〇年後、われわれの子どもや孫が住んで、発展させていけるような松島町を作っていきたいと私は考えています。

一〇年後、二〇年後には、この七ヶ浜町ももっともっと発展していることを信じておりますし、ぜひとも七ヶ浜町の住民の皆様、行政の皆様も私どもと一緒に頑張っていきましょう。

まちづくりの方向性を皆さんとも共有しながら

遠藤　一一月八日にこの計画のたたき台を作りまして、一〇日に皆さんに説明し、なおかつ先週説明会をしたわけですが、やはりちょっと情報量としては、例えば今皆さん方も思っていらっしゃるかもしれませんが、被災地の買い上げはどういった金額でやっていただけるのかとか、どういう制度なのかという疑問はいっぱいあろうかと思います。今日の会議の中でそういったものが少しでも解決できれば良かったと思いますが、その点はわれわれ側のほうでうまくまとめられなくて大変申し訳なかったと思います。

疑問などをきちんと皆さんにお答えできるような環境、説明できるぐらいの環境、また一緒に勉強できるような環境、その中で皆さんとの合意形成をしていって、最終的なまちづくりの方向性を皆さんとも共有しながら取り組んでいかなければならないと思っています。われわれとしては最善を尽くしてここまで来たつもりではいますが、まだまだ遅いというのはおっしゃるとおりだと思います。

今後は、今日の反省をきちんと踏まえまして、そういった住民の皆さんとの情報共有や意見の交換などをやっていきたいと思います。もし、現段階でも何かそういった疑問等があれば、いつでも政策課のほうにお越しいただくなり電話をいただくなりすれば、極力われわれで今お答えできる範囲についてはお答えしたいと思いますので、そういった形で対応させていただきたいと思います。あとはそういったきちんとした説明会なり、意見集約の場を設けたいと思いますので、その際にもいろいろご意見などをいただければと思います。よろしくお願いします。

まとめ

矢野　最後に、廣瀬先生からフォーラム全体を通じてのまとめをお願いします。また、長期にわたる復興の中で、地域や住民の調整をする場所、住民の納得を形作る場所が必要だという話ですが、具体的にはどういう形があるべきなのかも併せてお願いいたします。

意志決定・調整の場はどこにあるべきなのか？

廣瀬　それでは、いろいろと多岐にもわたりましたし、本来踏み込むべき具体論がまだまだ残されているということも感じるところですが、まとめになるかどうかわかりませんが、いくつかコメントと感想を述べさせていただきたいと思います。

まず、先ほど石山先生から、被災地の意見は、最終的には多少時間がかかったりしたこともあるが、おおむね実現されていっているんだということがありました。恐らく暮らしていらっしゃる実感からすると、問題を感じたときには、「打てば響くように」の逆で、打っても打っても何も返ってこないという実感をお持ちなのだと思いますが、ただ、若干時間を要しているものの、それなりに前進はしていっています。

例えば仮設住宅において、岩手のほうですと、二棟あると、二棟の間に一個ずつしか消火器がなかったので、やはり冬を迎えて不安だという声がいろいろ出てきた。それをどうしたらいいのか。石油ストーブは燃費は安いけれどもやめようという申し合わせをしたりしている中で、ようやく石油ファンヒーターが支給になったりした。あるいは、これは多分支援の中からだと思いますが、小型の消火器が各戸配布になった。

そういうことは、要望をちゃんと把握できてから対応をして、具体的に物をそろえるまでには時間を要するので、どうしても若干時間がかかります。そのめどが立たないと、そう簡単に「やります」という答えを返せないこともあるので、大変もどかしいとは思いますけれども、やはり個別というだけではなくてまとまって、例えばそれぞれの幾つかの仮設の団地の自治会長さんが連名で何か申し入れをなさるということになってくると、やはり受け止め方が違ってまいります。時間軸で言うともどかしいかもしれませんが、そういうことで具体的な要望については連携を取りながら出していかれると、結果的にはちゃんと前進をしていくのではないかと思っております。

これから具体的にいろいろな事業に落とし込んでいくときも、意思決定の場、調整の場がどこにあるべきなのか。これは自治体によって、それぞれの地域ごとのスタイルがあると思います。地区のそれぞれの区長さんたちの集まりの中で調整をしていくことを長年続けていらっしゃるところはそういう場になるかもしれませんし、あるいは私がかかわっているところでは、議会がちゃんと住民と行政との仲立ちをしようとしています。そちらでは職員の方が四分の一ぐらい亡くなっておられるので、応援に入ってきた県の職員や、ほかの遠方の自治体の職員がサポートをしながら、何とかかんとか行政を回していますが、いろいろなことが地元のことがわかっている人のところに集中して、どうしても、きめ細かく住民の多様な要望に対応しきれない。そこの間を、地域のことがわかっていると同時に行政の仕組みがわかっている議員が、今はこれまでの役目とちょっと違うことを担わなければいけないということをようやく意識し始めて動き出したところです。

秋に、議会がちゃんと責任を持って復興計画を議決しようということで条例をつくりました。そこから地区説明会にも議員もちゃんと出て、そして地区の、あるいはまた仮設の自治会長さんなどとコミュニケーションをとりながら、そこから出てきたことをどうやって計画に反映するかということがようやく動き出しました。平常時の政党と政党の間でどう妥協を作るかを主眼とした議論ではなく、「こういう現場の困り事に、この法案ではまだ足りないから修正したほうがいい」という議論を自治体のレベルでも、それから国のレベルでも、議会の中でしっかりとやってもらえるようになっていただきたい。

本当であればそれが政治の役割であって、一人一人の国民あるいは住民が、自前で政策を勉強して、議論をして、論点を掘り下げてというのを一人一人ではやりきれないからこそ、それを委ねているのであって、その役割を地方議会と国会がしっかりと担っていただくことが、今こそ問われているのではないか。また期待もされているのではないか。この期待に応えていったところでは、「これがわれわれの意思決定、われわれの調整の場なんだな」ということが初めて納得されるのだと思います。

それを担っていただけなかったところでは、何とか違う場を作らなければいけないということで、それこそ住民の皆さんが市民参加のために何か新しい場を作ることに汗をかかなければいけなくなってくるかもしれない。皆さんが当事者ですから、住民意思の実現のために議員も使う、行政ともコミュニケーションをとる、そして、いざというときは自分たちの横のつながりの中で「住民の総意としてこうなんだ」ということを集約して発信し続けていけば、恐らくそれぞれの役割の方がそれにちゃんと向き合うようになっていくのだろうと思います。そうなってきたときに初めて、住民自治がお題目ではなくて、「自治体の中身が、ここでこんなふうに決まるのだ」という実感を持てる場になってくるだろうと思います。復興のこの計画ほど、そういうことが求められているものはありません。そこで暮らしていく者にとって、本当に当事者として切実な問題なのですから。

これに取り組むプロセスにおいて、復興がなったときにも「いい町の仕組みができたね」と言えるような形に進めていかれることを祈念いたしまして、締めくくりの言葉とさせていただきたいと思います。

矢野　震災関連のフォーラムやシンポジウムは各地で開催されていますが、被災地を会場に、国、県、市町村の三層の計画を見てみよう、その中から自分たちにできることは何なのかを考えてみようという趣旨のシンポジウムは、恐らく初めてではないかと思います。

これから七ヶ浜の復興を住民の手で進めていくときのヒントが、お話の中に数々ちりばめられていたのではないかと思います。

これから七ヶ浜町の復興に向けて取り組むべきことを確認してフォーラムを閉じさせていただきたいと思います。どうもありがとうございました。（終了）

フォーラム当日／会場からの質問・意見・感想・コメント

フォーラム当日の会場から寄せられた質問・意見・感想をまとめました。出版にあたり出演者から、いくつかのコメントや回答をいただきましたので、あわせて掲載します。

なお、会場から寄せられたご意見の中には誤解に基づくと思われる箇所も散見されますが、その点も含めて、被災地における住民の現状であり考えであるということを記録したく、そのまま掲載することにしましたので、ご了承ください。

【国へひと言】

●五月七日朝のテレビ対談で、当時、菅政権の櫻井充財務副大臣が「震災復興に関する財源は全然心配ない」といったコメントを何回も発した。やっと一一月二一日に第三次補正予算が通過したことで、当町を含む自治体は本格的に復興に前進すると思うが、被災住民は「方針を打ち出すのが遅い」という意見が多い。櫻井副大臣の言葉が、個人的意見でなく、国、政府の意見だったなら、なぜ時間が経過したのか。

［石山氏コメント］

平成二四年の通常国会を八月に閉じずに、大幅な会期の延長を行うことと、復興の費用を増税に依らずに建設国債で賄うとの判断であれば、もう二、三ヶ月は早い対応ができたと思います。

現在、本格的な復興予算である「復興交付金」を活用して頂き、住民の方々が本当に望む街作りができればと考えています。

●国会及び議員へ、政府に任せてスピード感のある動きがとれるよう、せいぜい地元議員だけの参加でよい。政府へ、もっと早い行動と情報開示をすること、国会にばかり顔を向けないで。

［石山氏コメント］

今の国会の制度自体が、社会のスピードに追いつけなくなっている実態があると感じています。抜本的な国会改革も必要ではないかと考えています。その一方で、国会議員が外交、防衛といった本当に国としてやらねばならないことに専念するならば、地方分権の推進が必要です。引き続き、国から地域への権限委譲を行っていかねばと考えています。

●被災地の立場に立ち、スピード感を持った予算・対策を講じていただく事を期待します。
●早くして下さい。

［石山氏コメント］

被災地の復興には、住民の皆さんの意見集約も必要です。国と住民の皆さんとの意見交換等を緊密にしていくように復興庁の職員にも指示しているところです。

●優先的な取り組みは、被災地の買い上げの件（価格の設定は？）、早く決めてほしい。
●被災した土地の買い取り価格が心配でした、本日の説明通りお願いしたい。

［石山氏コメント］

七ヶ浜町に対する標準的な買い取り価格を提示させて頂きました。また、ご意見があるときは申して頂ければと思います。

●代ヶ崎地区の堤防を早急に復旧して下さい、現在の状態では地区全体が海面の下になってしまいます、今の状態では地元に戻る住民がいなくなると思います。

［石山氏コメント］

代ヶ崎地区のみならず七ヶ浜町の多くの海岸で堤防の崩壊、地盤沈下が起きました。早急に、個別対応をしていきたいと考えています。

●一般町民の住民ローン（二重ローン）問題にも取り組んでいただくことを強く期待します。

［石山氏コメント］

住宅や車のローンなどの個人の二重ローンに対する支援機構が三月三日に設立しました。お悩みの被災者の方は、是非、ご相談して頂ければと思います。

●復興については、多くの目的に補助金をおねがいします。

●予算を出来るだけ多くお願いします。

［石山氏コメント］

「東日本大震災復興交付金」を中心に、当面、必要と考えられる予算は確保してあります。仮に、不足した場合は、追加の支援も講じる考えでいます。

●久慈市の仮設住宅寒さ対策について、自主財源でいち早く対応した後で、国に請求すればよいという「ありき」で良いのか。（＊フォーラム内の議論は六五ページを参照下さい）

［石山氏コメント］

被災地の住民の皆さんに必要な整備を行うという点では、久慈市の判断は正しかったと思います。

●原発推進、政府に責任をとってほしい。原発賛成する有識者への利益大になり、一般住民が苦しむような文明は進めてほしくない。

［石山氏コメント］

今回の原発事故は、原発を推進してきた国、政府にも責任があると考えています。二度とこのような事態を引き起こさぬように、脱原発、代替エネルギーの開発を進めていくと共に、原発の被害者にあわれている方々の支援を行っていかねばならぬと考えています。

●結局、お金と役割が入り組みすぎて、復旧が遅れていると言うことがわかった。

［石山氏コメント］

平時と違い、震災のような危機においては危機に対応した制度は発動させるべきと考えています。残念ながら、現在、この日本にはそのような制度がありません。危機管理を主とする「危機管理庁」などの創設と制度を、この震災を機に創らねばならぬと考えています。

●議員減らしは止めて下さい、居眠り・携帯電話議員は減らして下さい。

［石山氏コメント］

全くです。議員としての自覚を持つ必要があると感じます。私も、心に強く意識するように致します。

●政党間だけの綱引きだけが目立つ。

●党同士で戦わないで、国民のために宜しく。

●党派でもめていないで、災害に対し真剣に考えて頂きたい。

●議員の個人的な問題に大切な時間を使わないで、震災等に苦しんでいる国民の為に真剣に取り組んでほしい。

［石山氏コメント］

震災対応は、党派を超えて行わねばならぬことです。基本的には、ご意見の通りかと思います。その一方で、「党同士で戦う」とのことは、勿論、下らない議論（個人攻撃、誹謗中傷）もあるかもしれませんが、「意見や様々な考え」をぶつけ合っている分けです。それが民主主義の原点ですので、ご理解をも宜しくお願いします。

【県へひと言】

●もう少し、広域（沿岸と内陸も）調整をした方が復興にはいい様に思えた。
●市町村の意見集約を基に、市町村の後ろだてになっていただければと思います。
●提言だけでなく、市町村と十分に協議の上復興を進めるように願います。
●市町村へ予算を付けて下さい。
●もっと町に来て下さい、町に口出しして下さい。
●被災地の立場に立ち、スピード感を持った予算・対策を講じていただく事を期待します。
●首長はもっと権限を行動を！
●財政面の支援、切実なる思いを国へ強く求めること、弱腰過ぎる。
●民主主義と言えば聞こえは良いが、国からだけの予算を待っていては駄目、県全体で知恵を出し合って。
●特区問題は決定したように聞きましたが、漁民の方々は納得したのですね、もっとくわしく知りたいです。
●一般町民の住民ローン（二重ローン）問題にも取り組んでいただくことを強く期待します。
●震災復興に真剣に取り組んでいることに評価していますので、今後は厳しい寒さが目前でもあり、仮設住宅との寒さ対策に取り組んでほしい。

【町へひと言】

●住民の意見を考慮しての計画作りはよいことだと思いますが、リーダー（トップ）の決断を素早く願いたい。
●首長はもっと権限を行動を、民意ですばやく動いて下さい。
●遠藤さんの復興対策の考え方（町民一人一人の意見を聞く等）をボトムアップしてニーズを把握していく手法には全く共感しております。今後とも血の通った復興施策の立案実行を希望します。
●若者に魅力のある町への復興に向けて、私共のような先輩の人間で無く、二〇～四〇才位の方を復興委員に再選出をお願いします。
●復旧の方向性はよく分かりました。ただ財源的にこれらを達成するにはタイムラグが生ずると思うのですが、そうした「お金が足りない」状況下で優先順位がつけられるのか、やや不安をおぼえました。
●三年～五年～一〇年の復興計画案ですが、まず、なにから始めようとしているのか、早く手を打ってほしい、仮設住民の方々、将来の事を優先に考えてほしい。
●震災復興の計画、具体的な始動を進めるための地権者への取り組み加速。
●住み慣れた地区に暮らせることが最大の願いです。

●被災土地・道路の沈下の嵩上げを実行お願いします。
●町内でもセシウム測定するか考えて貰いたい。
●地区の問題だと思うが、震災後、復興についての地区住民との話し合いが一度も無いので、町としてもう少し住民にとって身近な存在であってほしい。
●地区では、被災して八ヶ月も経過していますが、地区ではいまだに話し合いをする機会がありません、これはどう理解すればよいのか。
●小地区での話し合いがほしいです。
●地区でもっと話し合い意見交換し合い、仮設住宅にいる人々一日も早い住宅再建するよう（高所集団移転）お願いしたい。
●被災住民との対話を数多く望む。
●情報なんでもよいから、住民に流して下さい。
●もう一度、被災者へのアンケートをお願い。
●住民の意見を収集するために訪問等で八割方の意見を集約できたとの話でしたが、七ヶ浜から他都道府県に避難された住民はいるのか、その方たちへの計画作りへの意見収集は行ったのか、今後行うつもりか。

【その他】

○全体への質問

●広域の視点の議論は賛成です。既存の自治体枠をこえて計画の策定も必要だと思います。福島県の放射能セシウムが宮城県沿岸に流れている報道がありました。現在の県市町村等の行政区が今後も続く前提でいいのでしょうか。

［石山氏コメント］

基本的な復興の施策の実行は、既存の自治体で行って頂くことが、早急な復興に繋がると考えています。例えば、高台移転、地盤沈下した土地の嵩上げなど。その一方で、広域的な視点が必要な案件、道路、鉄道などは、その関わる自治体、そこに住む住民の方々の意見を広く聞くべきと考えます。

［飯川氏コメント］

今回の震災の復旧や復興に当たっては、東北の日本海側の各県をはじめ、全国の地方自治体から暖かいご支援を頂きました。今回の震災におけるこのような経験から、広域的な自治体間の連携は大変重要であることを学びました。近年、住民に身近な行政は地方自治体が広く担おうとする「地域主権改革」が進んでおり、地方自治体が広域的に連携して地域の課題に取り組もうとする機運が高まってきております。今後は、地域住民のニーズや考え方によって、県や市町村の行政の枠組みは大きく変化すると、私は見ています。

●今後の広域防災について、どうすべきでしょうか。

［石山氏コメント］

広域をどの視点で見るかによりますが、国で考えれば、巨大災害を常に想定するような「危機管理庁」のような専門省庁の創設と、危機管理に対応できる制度を作ることが必要と考えています。また、自治体レベルでは、他の地域との防災協定などを積極的に結んでいき、仮に災害が起きた場合に、支援をフットワーク良く行われるようにすべきと考えます。個人の意見ですが、今回のような津波に被害に対応するために、「海の消防団や防犯組織」にあたる「海上保安団」を民間の皆さんで組織できるようすべきと考えています。

（＊フォーラム内の議論は六一ページを参照下さい）

●「平成の大合併」の時には、財政的なはしごをはずされましたが。財源は担保されるのでしょうか。

●復旧したはいいが、ランニングコストがかかりすぎたり、計画通りにいかなかったりすることを回避する策は、何かありますか。

［石山氏コメント］

復興の財源は、昨年の三次補正において担保されました。仮に足りない場合は、追加の支援を講ずることになります。計画は、あくまで計画ですので、時に、復興の進行過程でニーズに合わないことも出るかもしれません。その時は、必要に応じた対応を取ることも重要かと思います。

●住民が参加をすることは大事だが、「参加すればよい」と言っていたときは既に終わっていて、「いつ参加するか、何に参加するか」を考える時代の様に思いますが・・・参加が水戸黄門の印籠のようになってしまっているかの様にも思えますが。

［飯川氏コメント］

ご意見のとおり「参加すればよい」というものではなく、その参加の仕方が重要ではあるとは考えます。しかし、今の市町村の行政を見たときに（特に松島町などはそうですが）、あまりにも住民参加が貧弱であるように感じられます。住民参加の貧弱さは、行政側と住民側のどちらか一方に原因があるのではなく、双方の意識に要因があるものと考えます。行政と住民の双方が、それぞれの意識を変えていくことが大切であり、そのためには、住民側は「とにかく参加する」、行政側は「とにかく参加して頂く」ことをまずは愚直に進めていくことが、地域を良い方向に変えていく第一歩ではないでしょうか。

［石山氏コメント］

参加するだけはなく意見を述べることが必要だと思います。町内会レベルでの復興に対する意見集約などを行うことも必要と思います。また、議員に住民の皆さんの意見を託すことも大切と思います。国、県、町に関わらず、議員の存在理由は、住民の皆さんの声を代弁することですから。

●松島町では若者で話し合ったとのことであるが、高齢者は話し合いに参加しなかったのか。

［飯川氏コメント］

松島町では、若手住民が主体の「松島町震災復興計画検討会議」のほかに、学者などの有識者や町内各団体の代表者で構成する「松島町震災復興会議」を組織しており、復興計画の策定に当たっては、様々な立場や年齢の方々からご意見を頂いています。また、どなたでも参加できる町民説明会を2回開催し、更に被災各地区での住民説明会も複数回開催しました。このように松島町では復興計画策定に当たって、高齢者を含め様々な年齢層の方々の意見を反映させています。従前は、松島町では、このように長期計画を策定する際は、学識経験者や町内有力者のご意見を聞く機会は設けておりましたが、若い年齢層の方々の意見を聞く場は設けておりませんでした。長期計画策定には、将来の松島町を担う若い年齢層の住民や松島町で働く若い方々の意見を聞くことが極めて重要であるとの反省に立って、今回は、二〇歳代から四〇歳代までの若手住民などで構成する「松島町震災復興計画検討会議」が創設されました。この会議は、原則的に一般公開し、一〇回開催して、松島町の震災復興計画の基になった「震災復興基本方針」の原案や、提言書「松島復興への提言」を作成しました。その提言書は、町長へ提出しており、松島町の復興計画策定に大きな役割を果たしました。

●仕事の有無が最終的に復興を決める鍵になってしまう気がします。町レベルでは仕事までフォローできないように思いますが、妙案はあるのでしょうか。

［石山氏コメント］

雇用創出が復興の鍵であることは間違いありません。既存の産業の復興だけではなく、新規の産業振興を行うことも重要です。

●ガレキ（木材関係）に関し、大半を焼却してよいのか（ダイオキシン、CO_2、その他）

［石山氏コメント］

不幸なことですが多くの瓦礫は、放射能で汚染されています。もちろんダイオキシン等の有害物質も素材によっては発生する可能性があります。現在、瓦礫処理においては、瓦礫の種類に応じての分別を厳密に行っています。焼却処分によって放射能が濃縮されることがあります。この場合は、その管理、処理を基準に則り、近隣住民の皆さんにこれ以上の不安を与えないようにしなくてはなりません。

●七ヶ浜町も復興計画案が発表されましたが、住宅復興について町民は、土地の確保には町役場の「土地移転、かさ上げ」等の計画が期待される一方、建物住宅再建に関しての補助金等は期待できるのかどうなのか。

［石山氏コメント］

直接的に個人への住宅建設に対する公的な支援はありません。その一方で、高台移転に伴う被災住宅地の買い上げなどにより、住宅建設費用に廻せるようになればとも考えています。また、公的な復興住宅は建設を行っていきます。将来、住民の方が買い上げを行いやすい制度も設けるつもりです。

●被災住民は行政に過大な支援、復興計画への期待等をしている方々もあると思われますが、住民が最低限期待してよい支援策等事柄や、現段階であまり期待してはいけない等、明言していただける範囲でお願いします。

［石山氏コメント］

公共地や共有物（道路、鉄道、公的施設など）は、殆ど満額、国費用で復旧、復興を行っていきます。また、産業支援を行うことにより雇用を守りたいと考えています。また、個人や企業の二重ローンの買い取り機構も創設しましたので、必ずしも当てはまるとは限りませんが、必要に応じてご相談をして頂ければと思います。もし、「このようにならないのか?」、「このようにしたい」とのご意見等がございましたら、私どもの方にご相談を頂ければと思います。

○要望

●震災を受け、現在は半分修理をして二階に住んでいますけど、寒さは身に染みてます。仮設の方々も大変でしょうけれど、それぞれでそれなりに頑張っておりますので、宜しくお願いします。

●国民・町民の目線に立った政策を。

●安心安全に人が生きるため、被災から立ち直る（生き延びた者が考える）身近なものへの取り組みに向かってほしい。

○フォーラムへの感想

●多方面の様々な方々が真剣に七ヶ浜町の復興に関わられていることが、今後も心強く思いました。

●先生方のお話を聞く場に参加できて、少しは復興に向けての考えが知り、良かったです。

●パネリスト・コメンテーターの先生方の考え方、意見が参考になりました。

●とても分かりやすく理解しました。

●震災復興については、一番大切なことは、地区住民の声を生かすべきとのことにはその通りと思う

●法律、自治、一般論は、今日でなくともよい、道程は遠すぎる感じなり。

●国の予算の使い道を正しく使用することが大切であるとの話を聞いたので、勉強になりました。

●七ヶ浜町の復旧復興には今後も一住民として興味深く見守り、参加できる部分は参加して行きたいと考えます。

●今後の震災復興は一番大切な時期に入ると思うので、今日のフォーラムに参加して大変勉強にもなり、参考にしたいと思います。

会場外からの質問・意見

フォーラムの開催にあたって、質問・意見を募ったところ、下記二点の質問が寄せられました。時間の都合上、フォーラムの俎上に載せきれなかったこと、答えきれなかったことがありましたので、改めて掲載します。

東日本大震災復興特別区域法案に関して

東日本大震災復興特別区域法案に関して質問いたします。

去る一一月一九日付けの東京新聞の記事によりますと、「政府・民主党は今月中の衆院通過を目指す。野党には、被災自治体が条例で法律による規制を撤廃できるようにする「上書き権」を盛り込むよう求める意見が強く、与野党間の修正協議のカギになる。」と言われています。

この点、復興推進計画については内閣総理大臣の認定を受けなければならないこととなっており、こことなっています（法案第一五条、建築基準法第四八条参照）。このように、復興推進計画について国の認定を受けなければ、自治体は規制の特例措置を講じることができないという制度設計になっています。

国から復興のための交付金をもらわなければならない事業であれば、国の関与の必要性があることは理解できなくもないのですが、単なる規制の特例であれば、わざわざ国の認定がなくても、自治体の判断でできるようにすべきではないでしょうか。よって、この部分については、法案の規定を条例で上書きして（書き換えて）、復興推進計画について国の認定がなくても、特例措置を講じることができるようにすべきではないかと考えます。また、こうした事例からしても、この法案について自治体側においても詳細に検討し、修正意見を積極的に出していくべきではないかと考えます。

今日、ここにおいでの出演者の方々は、条例により国の法律を上書きして（書き換えて）、ルールを変えられる（これにより、責任も伴う）ことに対して、どの程度具体的なイメージをお持ちでしょうか。また、法案を修正したいという具体的な案（意思）を既にお持ちであれば、その点についてもお聴きしたいと思います。

【一国多制度推進ネットワーク共同代表　中西大輔　様（滋賀県職員）と岡田博史　様（京都市職員）からの質問】

（＊フォーラム内の議論は六六ページを参照下さい）

［遠藤氏コメント］

今回お示しのあった、被災自治体が条例で法律による規制を撤廃できるようにする「上書き権」というアイデアは、普段の業務では発想し得ないものであり、大変興味を持ったところです。復興推進計画にて規制緩和などが適用となる、いわゆる「復興特区」なども、そもそもこのような「上書き権」という手段が選択肢として加われば、あえて適用せずにこの手法に頼るのも十分に考えられることだと思います。

現実問題としては、震災復興に奔走している状態で、かつ、県による一元化による震災復興推進計画による規制緩和に取り組んでいる関係上、別枠で「上書き権」の行使というシナリオはなかなか描きづらい点や、自治体の説明責任の中で、必要性や緊急性など正しく示すことができるか、などの懸念材料はあるものの、手段としての可能性は残してもよいのではないかと考えます。

［飯川氏コメント］

条例の上書き権については、「制度論」と「政策論」に分けて考える必要があると考えています。まずは「制度論」について考えてみます。憲法九四条と地方自治法第一四条により、地方自治体の条例制定権には、制約があります。そのため、現状で法律上の規制がある事項に条例の規定を及ぼすためには、基本的には次の二つの手法が考えられます。①法律と異なる条例規定を設けることを許容する規定を、その法律の中に書き込む。②その法律の中から規制している規定を削除する。

地域主権改革の一環で実施される「義務付け・枠付けの見直し」は、法律から政令や府省令への委任を条例委任に変更し、強制力の異なる三つの「基準」を設けておりますので、①の中途半端な形式だと捉えられると考えます。いわゆる「条例の上書き権」は、立法上のテクニック自体は難しいことではないのですが、①②のいずれにしても法律を変える必要があるため、地方自治体独自で実施することは、現行制度上は残念ながら不可能です。

次に「政策論」について考えてみます。平成二二年に閣議決定された「地域主権戦略大綱」に「条例制定権の拡大」が謳われ、その後の地域主権改革の進展により、「義務付け・枠付けの見直し」など条例制定権は拡大しようとしています。しかし、上述のとおり、「基準」が付されているなど無条件の条例制定権の拡大にはなっていないことや、地方側で求めている全ての規制が見直しの対象になっていないことなど、「不完全」な条例制定権の拡大であること否めません。これを打開していくには、粘り強く地方側から要求していくしかないものと考えます。「国と地方の協議の場」も法制化され、開催されておりますので、このような場を通じて、地方側の意思を主張し続けるべきでしょう。

私は個人的には、法律（政令や府省令についても）の規定密度を薄くし、法律自体を「大綱化」していくのが良いと考えています。その際、法律などで余計な「基準」などは設けるべきではないことは言うまでもありません。そして地方自治体が地域の実情を的確に捉え、自らの責任で地域を運営していける体制を構築していくことが必要です。そのためには、「道州制」も重要な選択肢だと考えます。

［石山氏コメント］

「上書き権」の問題は、昨年の臨時国会においても大きな議論となりました。結局は、地方からの要望に対して、議員立法での対応と閣法・政省令での対応で処理する流れに整理されてしまいました。ここからは、個人の見解になりますが、私は、「上書き権」を認めるべきであると考えておりました。今後の地方分権を進める上でも、一つの切っ掛けとなるのではとの考えがあったからです。いずれにしても、手続き論で復旧、復興が進まないことがあったら、それはナンセンスと考えます。また、機会を見て、論じなくてはならないテーマと考えています。

上水道整備及び水道事業の広域化について

上水道整備及び水道事業の広域化について質問します。

今回の震災で、多くのインフラが甚大な被害を受けましたが、七ヶ浜町でも道路や公共施設などがあったと思われます。七ヶ浜町の上水道事業も震災の被害により、断水も余儀なくされたと思いますが、水道の場合日本水道協会が中心となって、災害対応への応援給水等は、全国の水道事業体が迅速に対応にあたられたと思います。

その支援体制等で、今後改善すべき事項等があったのでしょうか。

次に、今回の震災により、水道管の耐震化はもとより、今後の人口減少が予想される中、水道事業の再構築をどのように考えられているのでしょうか。

これからの時代は人口減少に加えて少子高齢化が進むと、医療、福祉などの社会保障費だけでなく、あらゆる社会の経費に対して住民の負担能力が減少してゆくことも予想されます。加えて地方自治体の財政が逼迫している中、利用者負担の増加を求めていくのは難しい状況になってきています。「安全・安心」な水道水を「安定的」に供給し、さらに将来にわたって水道事業を「持続」するための方策として、水道事業の広域化は喫緊の課題と思いますが、復興計画の策定にあたって、県及び広域市町村圏域で議論されているのでしょうか。

【岩手県紫波町　高橋正　様からの質問】

［遠藤氏コメント］

今回、静岡県下の磐田市、藤枝市、袋井市の自治体の皆様により、震災直後から断水となった被災者に対する給水支援にあたっていただきました。支援いただだいた自治体の皆様には、通常業務でお忙しい中ご協力いただき、心より感謝申し上げます。

私は、小学校の避難所に常駐していたため、直接的な関わりはありませんでしたが、このような支援は、我々自治体職員はもちろんのこと、住民の皆様も、心からありがたみを感じたものと思っています。

改善点とのご質問ですが、このような素晴らしい支援を、我々被災自治体は皆様に伝えていく義務があるのではないかと考えています。また、後世にも、ご支援を頂いたことについて、我々行政側の責任においてきちんと伝えていくべきではないかと考えています。

このようなベストプラクティスを様々な自治体業務の中で理解・活用し、「広域連携によるインフラの冗長機能」やＢＣＰ（事業継続計画）の観点からその有効性を認識することにより、自治体のポテンシャルをあげることができるのではないかと思います。

単に、自治体間の災害協定にとどまらず、「広域連携による安全安心の冗長（二重化・多重化）」という新しい視点から、防災・減災のまちづくりを見直すことが、東日本大震災からの復興に取り組むにあたり、我々被災自治体にとっても、一つのキーワードになるのではと考えています。

［石山氏コメント］

私見になりますが述べさせて頂きます。ご指摘の通り水道事業の広域化によりできるだけ均一な負担による安定供給が重要と思われます。今回の震災においては、水の重要性を改めて認識されただけでなく、水源からの距離によりその復旧が大きく異なりました。何より重要なインフラと考えますので、危機対策も含め、国レベルで考えてもよいのではないでしょうか。

被災地からの報告

河北新報社塩釜支局　矢野　奨

二万人近い人々が犠牲となった東日本大震災の発生から、一年が経過した。被災自治体では相次いで復興計画のフレームが仕上がり、本格復興への歩みを始めようとしている。二〇一二年の年明けから「復興元年」という言葉を何度も耳にし、「復興特需」なる単語も飛び交い始めた。が、現実の被災地では、景気の良い掛け声とは裏腹に、時間が経過し、新局面が訪れるたびに次から次へと難問が積み重なっているように思えてならない。国と被災自治体の関係性を軸に、塩釜市、松島町、七ケ浜町を例として被災地の現状と課題を報告する。

「中途半端」な被災地の苦悩

「復旧に関しては一定程度の目標が達成されつつあるが、復興となるとまだ入り口に立った段階」。二〇一一年末に復興計画の策定を終えて塩釜市の佐藤昭市長は、こう語った。復旧・復興が順調に進んでいるようにも受け取れるが、言葉の背後から透けて見えるのは「被災規模は小さい」と評されることの多い塩釜市が抱える今後への不安だった。

先に成立した第三次補正予算で国は、復興に向けて防災集団移転促進事業など復興関連の「基幹四〇事業」と、基幹事業を補完する「効果促進事業」を決定。「効果促進事業は、基幹事業費の三五％以内で認める」というのが基本的枠組みだ。

しかし、市域面積が狭く、全域で土地の高度利用が進んでいる塩釜市は、被災世帯を高台に移転させようにも用地の確保が難しい。こうした事情を勘案して市の復興計画も「今まで暮らしてきた地域での住宅再建」を原則とする苦肉の策とならざるを得なかった。基幹事業の代表格である防災集団移転促進事業が限定的である以上、効果促進事業は一層小さくなってしまう。言い換えれば「復興の入り口に立った段階で足かせをはめられた状態」だ。決して楽観できない復興の今後を見据えて佐藤市長は「震災を契機に、継続すべき施策と断絶すべき施策を峻別する時代になった」と悲壮感を漂わせた。

メーン事業の経費を分母に、その一定割合で付属事業費を認めるという霞が関の予算措置の手法は、決して珍しいものではない。だが、震災復興という事態に平時の計算式を機械的に当てはめることが、妥当な対応なのだろうか。復興のまちづくりは、被災自治体全域を俯瞰し、大きくデザインを描かなければならない。霞が関でつくった机上の論理と自治体現場の事情がかみ合わないというい つもながらのミスマッチが、この震災でも起きている。

加えて、復興交付金を活用した事業（二〇一一、二〇一二年度分）でも国は「激甚な被害を受けた地域での事業」「津波浸水域での事業」と申請条件を絞り込んだ。被災自治体があれもこれもと詰め込んで財政規律が乱れてしまう事態を懸念しての措置だとは思うが、使い勝手の悪さに被災自治体の困惑は深まる一方だ。

説明責任は誰にあるのか

被災自治体の復興計画を概観すると、被災住宅の移転用地や避難路が地図上に明示されている一方で、防潮堤の高さについては「関係機関と協議する」といった曖昧な表現が目立つ。松島町の計画も「景観保持の観点や地域ニーズを踏まえ、関係機関との協議を行う」との表記にとどまっている。景観の保全と住民や観光客の安全の両立は、日本三景・松島が復興を遂げる上で最大のポイントなのだが…。

町が実施した計画素案説明会でも住民の意見は、この点に集中していた。町の説明は「必要な防波堤の高さは標高三・三メートル」「地盤沈下分を加味すると三・四メートルだが、湾内の島々が沖合堤防の役目を果たすので余裕高の確保は不要」「海岸地区は景観に配慮して二・二メートルでお願いしている」と二転三転するばかり。結局、どうなるのかよく分からなかった。

震災を踏まえた防潮堤整備は国が必要な高さを試算し、工事を行うのは管理責任者の県となっている。一方で国の復興基本方針は「復興の主体は基礎自治体」としており、要するに誰が説明と実施の責任を果たすべきなのかが曖昧なのだ。

仮に町民自身が防潮堤の高さを独自の判断基準で決めたいと望むのなら、先の国会で成立した復興特区法に基づいて国に認定してもらうしかない。これにしても法案審議の入り口で検討されていた自治体の判断で規制撤廃できる「上書き権」付与の初の明文化は、成案時には立ち消えになっていた。「自治体が復興の主体であるなら、上書き権を付与すべきだ」と迫る議員に野田佳彦首相の答弁は「唯一の立法機関である国会に立法権限の一部委譲を求めるのはいかがなものか」と素っ気なかった。結局、成立した復興特区法は、被災市町村の意見書を基に議員立法で特例を拡充する仕組みに落ち着いたのだが、この非常時に平時の原理原則を振りかざす内閣法制局を相手に、上書き権の付与も押し通せなかった国会が議員立法で渡り合えるのか、疑念は消えない。

試される自治体の知恵

権限や財源に乏しい市町村が、背後に隠れた国に成り代わって住民からしからられる。七ケ浜町が地区ごとに開いた復興計画の住民説明会も、例によってこんな光景に終始した。
町は町内数カ所を居住系集約拠点とし、計五二〇戸分の宅地提供と災害公営住宅二〇〇戸を建設する計画を提示した。住民からは「被災土地をいくらで買い取ってもらえるのか」との質問が相次いだ。土地を売る以外に住宅再建の資金を確保できない被災住民からすれば、買い取り価格に関心が集まるのは当然と言える。だが、買い取り費用を「全額国庫で負担する」としている国も、その基準はなかなか示そうとしない。矢面に立たされた職員は「町の立場で説明できることとできないことがあるが、分かりませんでは住民が納得しない」とうなだれるしかなかった。

被災土地の買い取り価格をめぐっては、最近になって各自治体で「震災以前の価格での買い取りは難しい」という発言が、ちらほら聞かれるようになった。知らんぷりを続ける国に代わって自治体が方針を示さなければ、いつまでたっても事態は前に進まないからだ。と同時に、震災で下落した土地の買い取り価格に独自の支援制度を組み込み、少しでも被災者の負担を軽減しようという自治体も登場している。

仙台市は、震災前後での宅地の下落額を、市が用意する移転宅地の借地料と相殺する制度を打ち出した。「個人の資産形成に公費は投入できない」という財政上の大原則は曲げられない。それでも仙台市の試みは、自治体が本来的に有しているとされる「上書き権」を果敢に行使し、ぎりぎりのところまで被災者に寄り添う気概の現れと言えそうだ。

行財政改革のひずみ

国が地方に強いてきた行財政改革のひずみも、復興の最前線に立つ自治体を直撃している。特に技術系職員の不足は、過度な人減らしの弊害が震災を機に噴き出した格好だ。国は職員採用の要件緩和で急場をしのぎたい方針だが、被災自治体の評判は必ずしも芳しくないようだ。

被災地に派遣される職員は、土木設計などを専門とする技術職が大半を占めている。塩釜市の佐藤市長は、被災した道路や土地の改修といった膨大な事務量を前に「マンパワーの不足が復興の足かせになりつつある」と訴えている。

そもそも自治体の技術職の不足は、震災以前から顕著だった。小泉内閣以降、国は数値目標を地方に押しつけて公共事業と自治体職員の削減を推進してきた。その結果、多くの自治体で公共事業に関わる技術職の削減が一気に進んだ。

宮城県沿岸部のある自治体の場合、過去一〇年で新規採用した技術職は一人だけだった。人事担当者は「技術職を採ることは、一種のタブーになっていた」と打ち明ける。

震災による人手不足を解消するために国は、弁護士など高度な技能を有する専門職に限定していた任期付き職員の採用職種を土木技師などにも拡大し、宮城県や仙台市、塩釜市が募集を始めている。新年度以降、技術職二四人の不足が見込まれている塩釜市は、できるだけ他自治体からの応援で対応するが、それでも埋まらない若干名を募集するという。

ただ、震災特需に対応したい民間企業も土木技師を求めており、雇用期間が最長でも五年という条件の任期付き職員に応募があるかどうかは不透明だ。松島町などは「一生懸命働いた人に五年たったら辞めてくれとはいえない」として任期付き職員の募集を見送っている。

あとがき　被災地の自治体学会会員として

「あの日」から、あっという間に一年がたちました。

多くの方たちが絶えることなく被災地を支援し、被災者を励まし続けています。省みて私自身は、あまりにも甚大な被災規模に恐れおののき、焦りと無力感にさいなまれるだけの日々を過ごしていました。

自分なりに一歩を踏み出すきっかけをつくってくれたのは、ある講演で聞いた次の言葉でした。

「それぞれの立場で被災地に必要とされることがきっとある。必要とされる時機が今の人もいれば、一年後の人もいる。今できることがなくても焦らず、被災地に関心を持ち続けることが大切」

宮城県町村会の職員の立場、NPO法人の理事の立場、そして自治体学会会員の立場で被災地域のために何ができるかを考え続けてきた一つの答えが、今回のフォーラム開催でした。

「住民自治や地方分権を推進しようと頑張ってきた住民や基礎自治体は、震災の後もその姿勢を貫いていけるのだろうか」「震災復興にこそ、国・県・市町村の役割分担を明確にする理論が必要ではないだろうか」「被災者自身が住む地域の復興計画を、住民の理解が深まらないまま策定してしまっていいのだろうか」「数年後にふと顔を上げて辺りを見回したら、住民が意図していない町並みが、金太郎飴みたいに散在していたら、もう取り返しがつかないのではないだろうか」

私の中にわき上がる漠然とした疑問を明快な言葉で表現してくれたのが、法政大の廣瀬克哉先生でした。「自治体学会ニュースレターＮｏ１５０」への寄稿文（フォーラム開催趣旨六頁参照）が、私の胸にストンと落ちてきました。

廣瀬先生の問題提起を被災地でともに暮らす住民に伝え、国・県・市町村で復興計画に関わる方々から直接住民に解説してもらい、三層に重なる復興計画と住民自身との関わり方について考える―というのが当フォーラムを企画した意図です。

フォーラム開催趣旨を理解し、出演を快諾していただいたパネリストの方々に、まずもって感謝申し上げます。自治体学会東北のメンバーとして一緒に活動してきた岩手県紫波町役場の高橋正さん、福島県本宮市役所の佐藤一彦さんには、職務が多忙を極める中で書類作成や当日の運営などに協力していただきました。遠隔地から当フォーラムへの意見や質問を寄せていただいた方々にも、この場を借りてお礼を申し上げます。そして何よりも、会場に足を運んでいただいた七ケ浜町民の皆様、全面的な協力をいただいた渡邊善夫町長をはじめとする七ケ浜町役場の皆

矢野由美子（やの・ゆみこ）

様、本当にありがとうございました。

私個人の思い付きから始まった当フォーラムですが、「公人の友社」武内英晴さまのご厚意により、活字として記録に残すことができました。被災の現場にいる者の役目として、住民自治や地方分権を学び実践してきた全国の有志に、経験を伝え、還元できたらと願っています。

フォーラム主催団体名に付した「ＹＰ」は「矢野プロジェクト」の略です。ともに自治体学会の会員である夫と、震災直後から議論を重ね、企画・立案し、準備してきました。

私のわがままに一番振り回されながら、活動をともにしてくれた夫に感謝して。

二〇一二年三月一一日

自治体学会東北ＹＰ　矢野　由美子

【資料】　七ヶ浜町震災復興計画（抄）

地区説明会配布資料

復興を誓って、前へ。

がんばろう　七ヶ浜!!

七ヶ浜町震災復興計画 [2011-2020]

□前期基本計画　[2011-2015]

□目次

□震災復興計画策定の趣旨及び計画の期間

震災復興計画は、平成 22 年度に策定した長期総合計画 (2011-2020) に盛り込まれたまちづくりの基本理念を踏まえ、平成 23 年 3 月 11 日に発生した東日本大震災からの復興という新たな施策への対応に取り組むために策定するものです。

本計画策定にあたっては、長期総合計画 (2011-2020) との連動や整合を図るため、平成 23 年度から平成 32 年度までの 10 箇年間を計画期間と定めました。

本計画は、震災復興施策の緊急性や対応の方向などを踏まえ、復旧期 [3 年]、再生期 [5 年]、発展期 [10 年] に区分し、同時並行的に策定にあたっての議論や方針の決定を行いました。

なお、震災復興計画 [後期基本計画] は、長期総合計画の後期基本計画と一体化し、前期基本計画の成果を踏まえたまちづくり指針を盛り込みます。

○復旧期　[3 年]

生活再建や当面の住宅や被災した都市基盤の復旧などを目指す期間として設定

○再生期　[5 年]

復旧期と連動し、復旧期に取り組んだ残りの本格復旧を進めるとともに、復旧したインフラや生活・都市基盤を基に震災に見舞われる以前の活力を回復する期間として設定

○発展期　[10 年]

総合計画の後期基本計画と一体化し、長期的なビジョンに立ったまちづくりを展開し、住民と行政との協働により、本町の発展に向けた地域の活力を高め、基本理念である「自然との調和により 人間らしく生き 快適で住みやすいまちづくり」に取り組む期間として設定

□震災復興計画の構成

震災復興計画は、平成23年4月25日に策定した震災復興基本方針に基づき、震災復興計画[基本計画](本計画)と震災復興計画[事業計画]を策定します。

□震災復興基本方針(平成23年4月25日策定)

平成23年3月11日に発生した東日本大震災による震災被害に迅速に対応するため震災復興に関する基本方針を策定しました。総合計画の基本理念と同じく、「自然との調和により人間らしく生き快適で住みやすいまちづくり」を目標に掲げ、震災復興に取り組みます。

□震災復興計画[基本計画]

震災復興基本方針を踏まえ、国で定めた「東日本大震災からの復興の基本方針」に盛り込まれた「東日本大震災からの復興を担う行政主体は、市町村が基本となるものとする」という考えに基づき、国・県・町・民間などの区分を問わず、震災復興に向けたまちづくりの指針について定めるものです(本計画)。

□震災復興計画[事業計画]

震災復興計画基本計画に基づき、目的や目標を達成するための手段である具体的な施策や事業を盛り込みます。なお、総合計画の実施計画とは、連動して策定します。

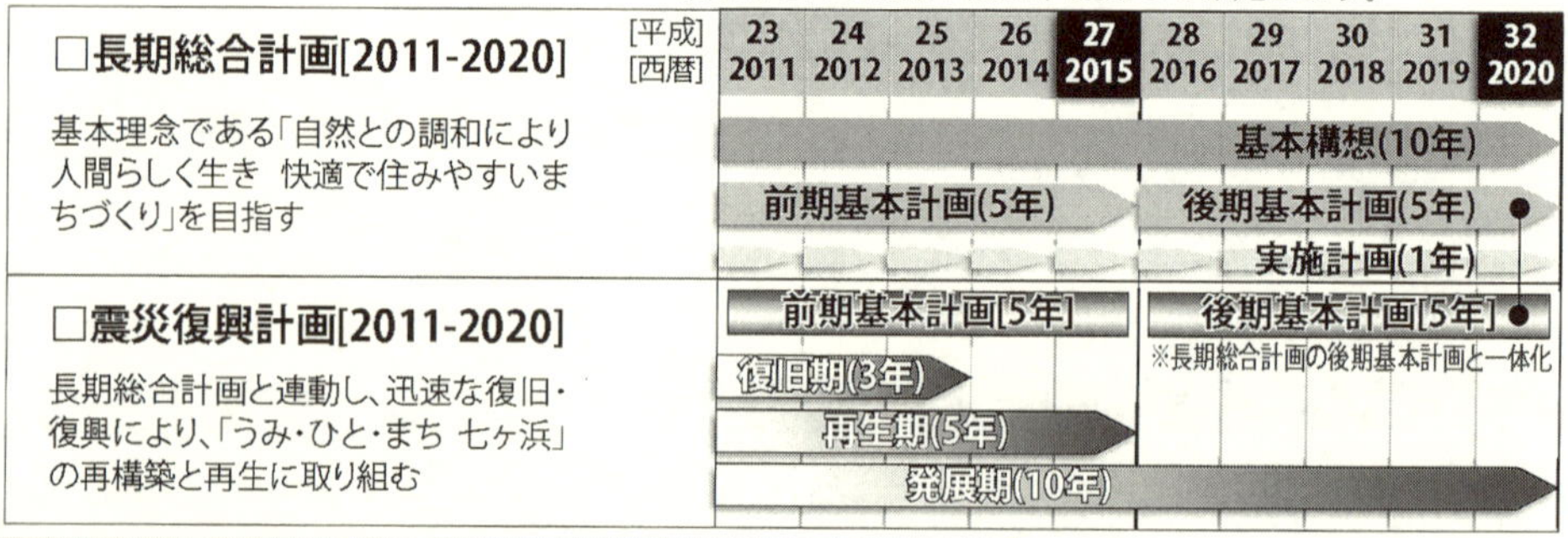

□震災復興計画[前期基本計画]の構成

震災復興計画[基本計画]は、復興方針、復興重点施策、復興まちづくりプラン(防災・減災まちづくりプラン)により構成します。今回策定する計画は、平成23年度から平成27年度までの5箇年間を計画期間とする前期基本計画であります。なお、発展期の10年間に連動した長期的なビジョンに立ったまちづくりの指針については、前期基本計画の一部に盛り込み、後期基本計画策定時点において検証を行います。

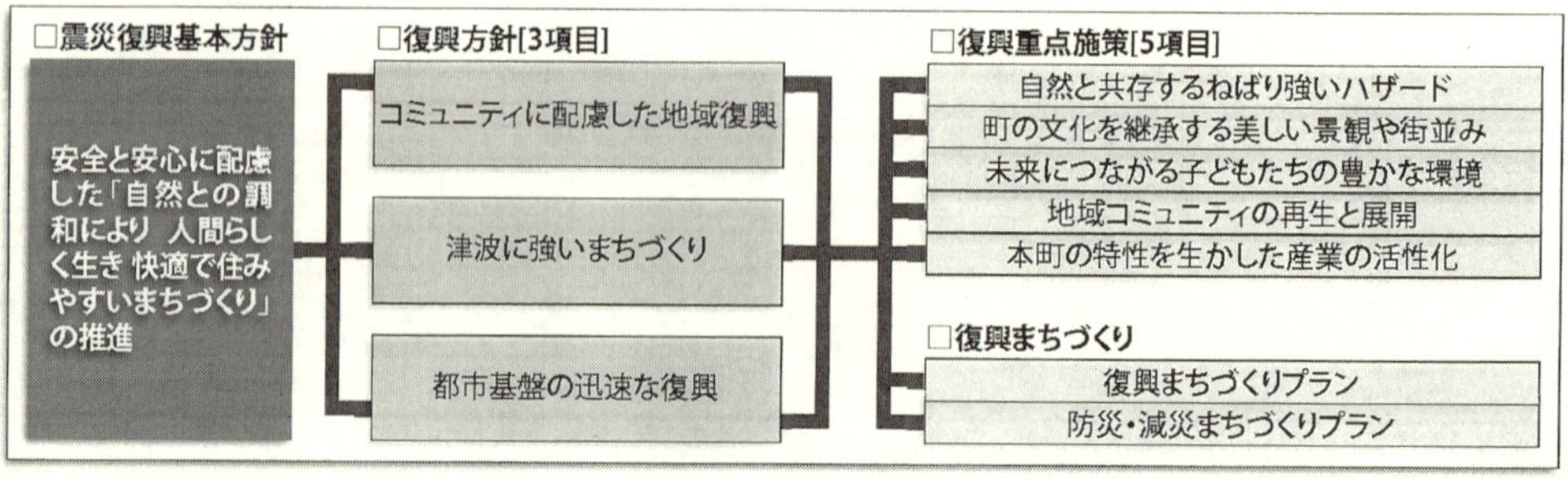

本町の被災状況

平成 23 年 3 月 11 日　午後 2 時 46 分に発生した東日本大震災により、本町は甚大な被害を受けました。

三陸沖を資源とし、マグニチュード 9.0、本町の震度が 5 強であり、本地震による津波が最大 12.1 メートル以上という大津波により、本町の約 30% が浸水し、被災家屋が約 1,200 戸を数えるなど、かつてない大災害となりました。

住宅や地域・産業・都市基盤など、本町の復旧・復興に向けた迅速な対応が求められています。

1. 被災状況

東日本大震災により、尊い人命を失いました。
※平成 23 年 10 月 31 日七ヶ浜町災害対策本部公表

□町内での被災者 70 名 [死亡及び身元不明者]
(町民 59 名・町民以外 9 名・身元不明者 2 名)
□町外での町民死亡者 32 名
□町民の行方不明者 5 名 [死亡届提出者含む]

2. 家屋の被害

1,212 世帯の家屋が、震災により被災しました。

□全壊 659 世帯　**□大規模半壊 215 世帯**
□半壊 246 世帯　**□床上 0 世帯**　**□床下 92 世帯**
※平成 23 年 7 月 31 日現在の税務課で発行する罹災証明に基づく数値

3. 仮設住宅への入居

震災により住宅を失った方のうち、618 世帯が応急仮設住宅 (民間賃貸住宅の仮設扱い分を含む) に入居しています。
※平成 23 年 10 月 31 日現在の災害対策本部公表

□応急仮設住宅　409 戸 (第一スポーツ広場 148 戸・七ヶ浜中学 校第 2 グラウンド 103 戸・生涯学習センター前 68 戸・その他 90 戸)
□民間賃貸住宅 (応急仮設住宅扱い)　209 戸
※親戚宅などに住まわれている分は確認できないため不明

□自衛隊による捜索活動

□警察による捜索活動

□七ヶ浜中学校の被災状況

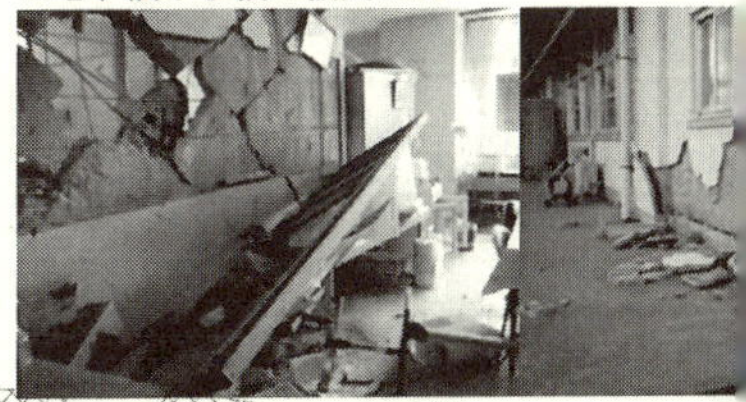

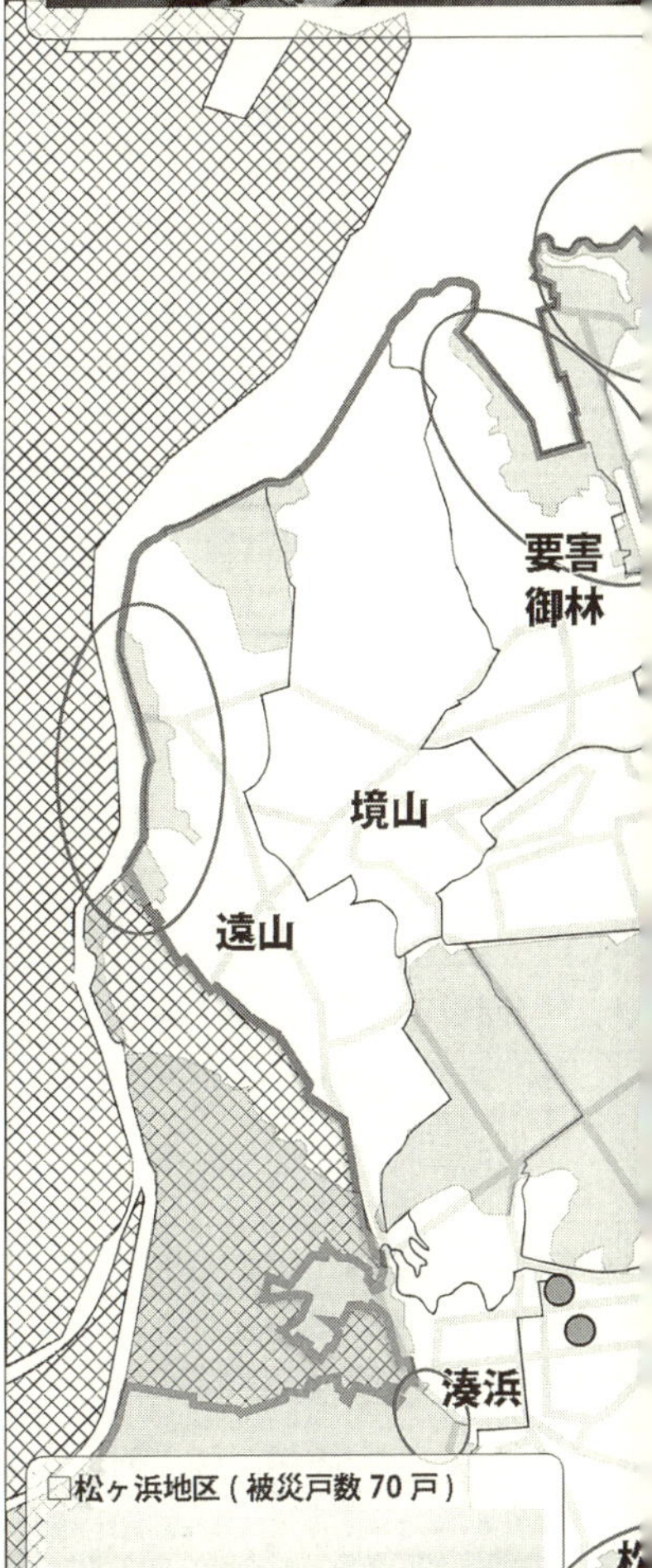

□松ヶ浜地区 (被災戸数 70 戸)

・全壊 47 戸　・大規模半壊 6 戸
・半壊 16 戸　・床下 1 戸

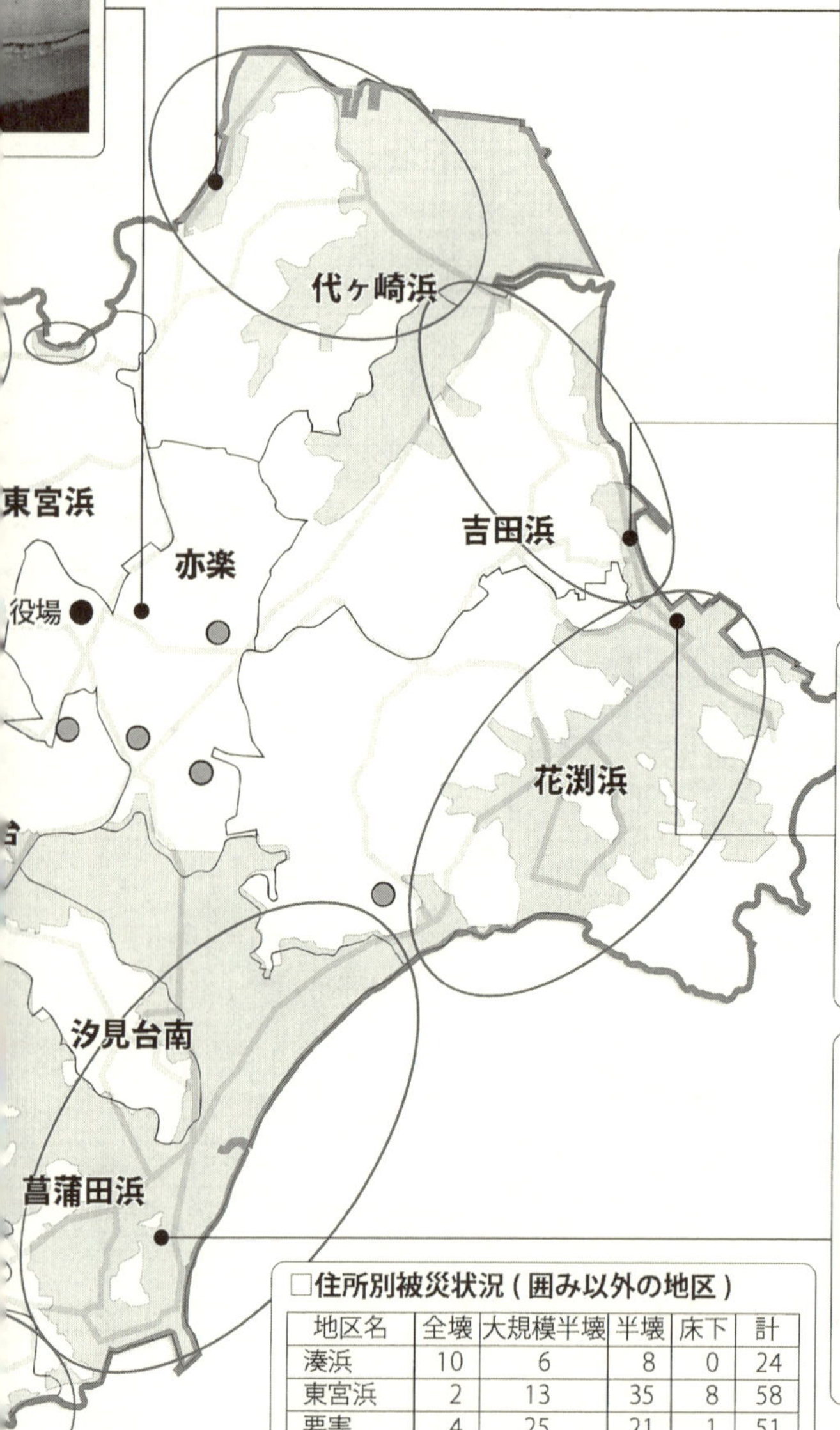

□代ヶ崎浜地区 (165 戸)

・全壊 64 戸　・大規模半壊 60 戸
・半壊 30 戸　・床下 11 戸

□吉田浜地区 (41 戸)

・全壊 32 戸　・大規模半壊 4 戸
・半壊 4 戸　・床下 1 戸

□花渕浜地区 (217 戸)

・全壊 161 戸　・大規模半壊 46 戸
・半壊 7 戸　・床下 3 戸

□菖蒲田浜地区 (389 戸)

・全壊 321 戸　・大規模半壊 35 戸
・半壊 26 戸　・床下 7 戸

□住所別被災状況 (囲み以外の地区)

地区名	全壊	大規模半壊	半壊	床下	計
湊浜	10	6	8	0	24
東宮浜	2	13	35	8	58
要害	4	25	21	1	51
境山	4	0	18	0	22
亦楽	3	1	4	0	8
遠山	5	15	53	15	88
汐見台	1	1	15	7	24
汐見台南	5	3	9	38	55

凡　例

- 今回の津波による浸水域
- ● 応急仮設住宅
- ○ 家屋の被災があった箇所

に記載している数値は、
7 月 31 日現在の税務課
証明に基づくものです。

復興方針

本町の復旧・復興にあたっては、地域コミュニティや本町の美しい景観や環境に配慮しながら、安全で安心なまちづくりに取り組む必要があります。

長期総合計画のまちづくり指針を踏まえ、3 つの復興方針と 5 つの復興重点施策により、「うみ・ひと・まち　七ヶ浜」の再構築と再生に取り組みます。

1. コミュニティに配慮した地域復興

七ヶ浜町長期総合計画 (2011-2020) の基本理念である「自然との調和により、人間らしく生き、快適で住みやすいまちづくり」を目標に、地域コミュニティに配慮し、本町の住民が引き続き本町に住み続けられることを最優先に、住宅復興や地域復興に取り組みます。

□住民の意向を踏まえた新たな居住系集約拠点の確保 [520 戸]
(P14-15、P18-29 参照)
□災害公営住宅の建設 [200 戸](P14-15、P18-29 参照)
□被災した地区公民分館の復旧 [7 地区](P14-15 参照)

2. 津波に強いまちづくり

今回の津波被害の教訓を正確に把握・分析し、安全安心に向けた技術的な対応と、地域防災などの人的な対応による多重防御により、津波に強いまちづくりに取り組みます。

□多重防御による防災・減災まちづくり
・人命を守ることを最優先に防災津波レベルの設定 (P8-9 参照)
・被災地に防災林や津波防災公園緑地を設置し、防災や減災効果はもちろんのこと景観にも配慮 (P18-29 参照)
・避難路や避難場所の見直しなどの防災・減災まちづくりプランを、復興まちづくりプランの一部として策定 (P8-9、P30-31 参照)

3. 都市基盤の迅速な復興

公共施設などの都市基盤の迅速な復旧復興により、町民の生活リズムを取り戻し、にぎわいの創出や町民福祉の向上に努めます。

□主な公共施設の復旧目標

・アクアリーナ	平成 24 年 4 月予定
・学校給食センター	平成 25 年 4 月予定
・遠山保育所	平成 25 年 4 月予定
・七ヶ浜中学校	平成 27 年 1 月予定
・被災 7 地区公民分館	平成 26 年度までに整備予定

□発展期 (10 年間) に配慮した公共施設の復興 (主な内容)
・図書センターを生涯学習センターに移築するほか、生涯学習センターを多目的な利用に対応した施設に改修し、同エリアのにぎわいを創出
・テニスコートを人気の高いフットサル対応とし、スポーツによるコミュニティを推進

□代ヶ崎浜地区
□花渕浜・吉田浜地区
□菖蒲田浜地区
□松ヶ浜地区
代ヶ崎浜
代ヶ崎浜地区公民分館[移築]
東宮浜
吉田浜
赤楽
七ヶ浜中学校[改築]
役場
アクアリーナ[復旧]
ト[フットサル対応]
花渕浜地区公民分館[移築]
ー[図書センターを移築]
七ヶ浜国際村[復旧]
花渕浜
汐見台南
定]
菖蒲田浜
菖蒲田浜地区公民分館[移築]
田浜漁港[復旧]
凡　例
居住系集約対象エリア
居住系集約拠点(災害公営住宅含む)
防災林・津波防災公園緑地
改築・移築する地区公民分館
主な復旧予定の公共施設

[復興重点施策 1] 自然と共存するねばり強いハザード

三方を海に囲まれた本町は、自然との調和を図りつつも、自然の驚異と共存しながら生活を送らなければなりません。自然と共存するための津波ハザードの意識を住民と共有し、安全で安心なまちづくりを住民と共に構築します。

※「ハザード」とは、直訳すると危険や障害物という意味ですが、津波などの自然災害の危険性を正しく認識し、技術的、人的な対応により、ねばり強く防護していくことを指しています。

1. 防災津波レベルの設定

県津波シミュレーションの結果に基づき、人命と資産を守るレベル (津波レベル 1) と、人命を守るために必要な最大限の措置を行うレベル (津波レベル 2) を設定します。

□津波レベル 1(発生頻度の高い津波)
数十年～百数十年単位で発生する比較的頻度の高い津波を想定 (明治三陸地震など)

海岸保全施設 (防潮堤・堤防など) の整備により、住民の生命を守ることに加え、財産の保全や地域の経済活動の安定化などを図ります。

□津波レベル 2(今回の東北地方太平洋沖地震による津波)
発生頻度は少ないものの数百年～千年単位で発生する最大クラスの津波を想定 (貞観津波や今回の東北地方太平洋沖地震など)

海岸保全施設のみでは対応できない津波に対し、速やかに避難することを軸とした防災・減災まちづくりを推進し、町民全ての人命を守ることを最優先として取り組みます。

2. 津波レベル 2 に対応した津波防災まちづくり

海岸保全施設のみでは対応できない津波レベル 2 に対応した防災・減災まちづくりを推進するため、全町域を対象として地域防災・減災のルール化を行います。ルール化にあたっては、町民全ての人命を守ることを前提に、土地利用と避難計画が一体となったルール設定を行います。

土地利用のルールにあたっては、業務系、居住系、公共系の各エリアに大別します。津波レベル 2 による津波シミュレーション結果に基づき (P34 参照)、土地利用の基本ルール (P9 右下参照) を設定します。

□業務系 : 産業施設など
□居住系 : 住宅・福祉施設など
□公共系 : 庁舎、学校、公民分館など

人命を津波から守るためには、津波レベル 2 に加え、**今回と同様の地盤沈下や満潮であった場合を想定した最悪津波** (P30 に最悪津波の浸水深を表示) に対応した減災システムを構築しなければなりません。

避難経路や津波避難誘導標識の整備など、津波防災公園緑地の整備と併せて、防災・減災まちづくりプランを復興まちづくりプランの一部として策定します (P30 参照)。

□多重防御のための整備イメージ

□津波レベル 1 対応
町内の防潮堤について計画堤防高 (宮城設定) による再整備を行い、津波レベル 1 の人命、財産の防護を図ります。

□津波レベル 2 対応
津波レベル 1 に対応した海岸保全施設の備に加え、防災林や津波防災公園緑地の整などによる多重防御により、津波の浸水深流速・流体力を低下させます。

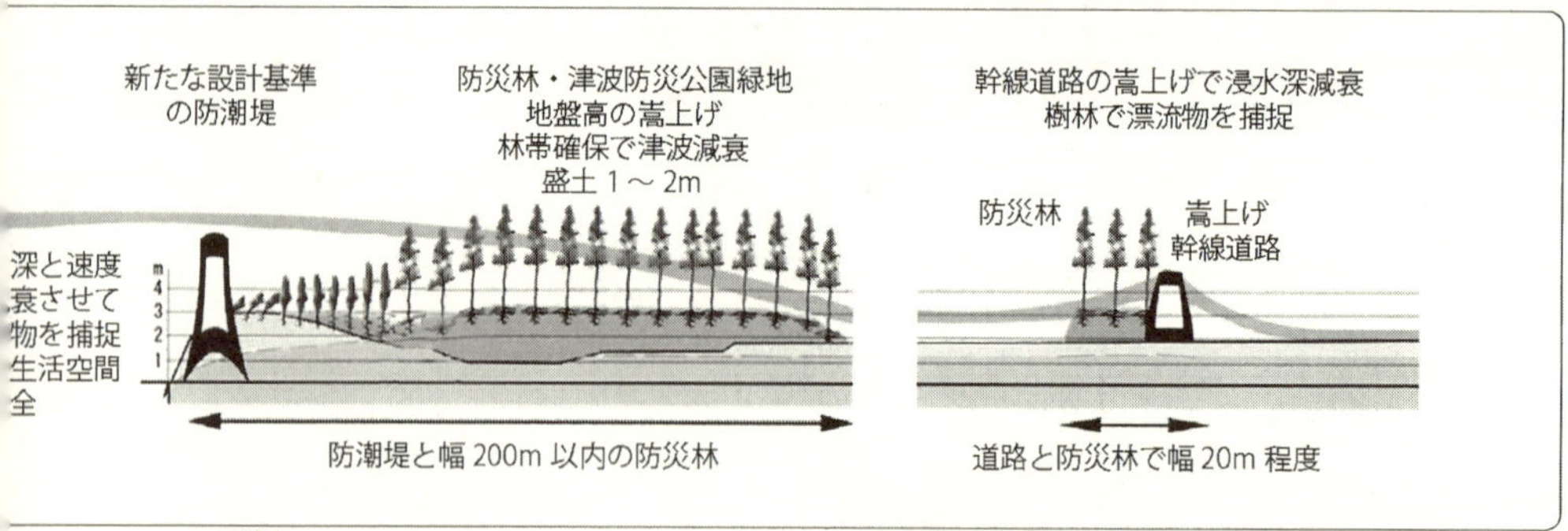

□人命を守るための避難イメージ

⇩居住場所から一時避難場所までのルート把握（訓練）

一時避難場所	・居住箇所から 300m 以内 ・自主防災組織や消防団、町内会での取り決めにより設定

⇩

指定避難所	・地区公民分館や広場など ・地域防災計画で指定

⇩

拠点避難所	・学校など ・3 拠点を新たに指定し、津波レベル 2 に対応した情報網、避難所運営に必要な資機材、食料の備蓄を確保する。

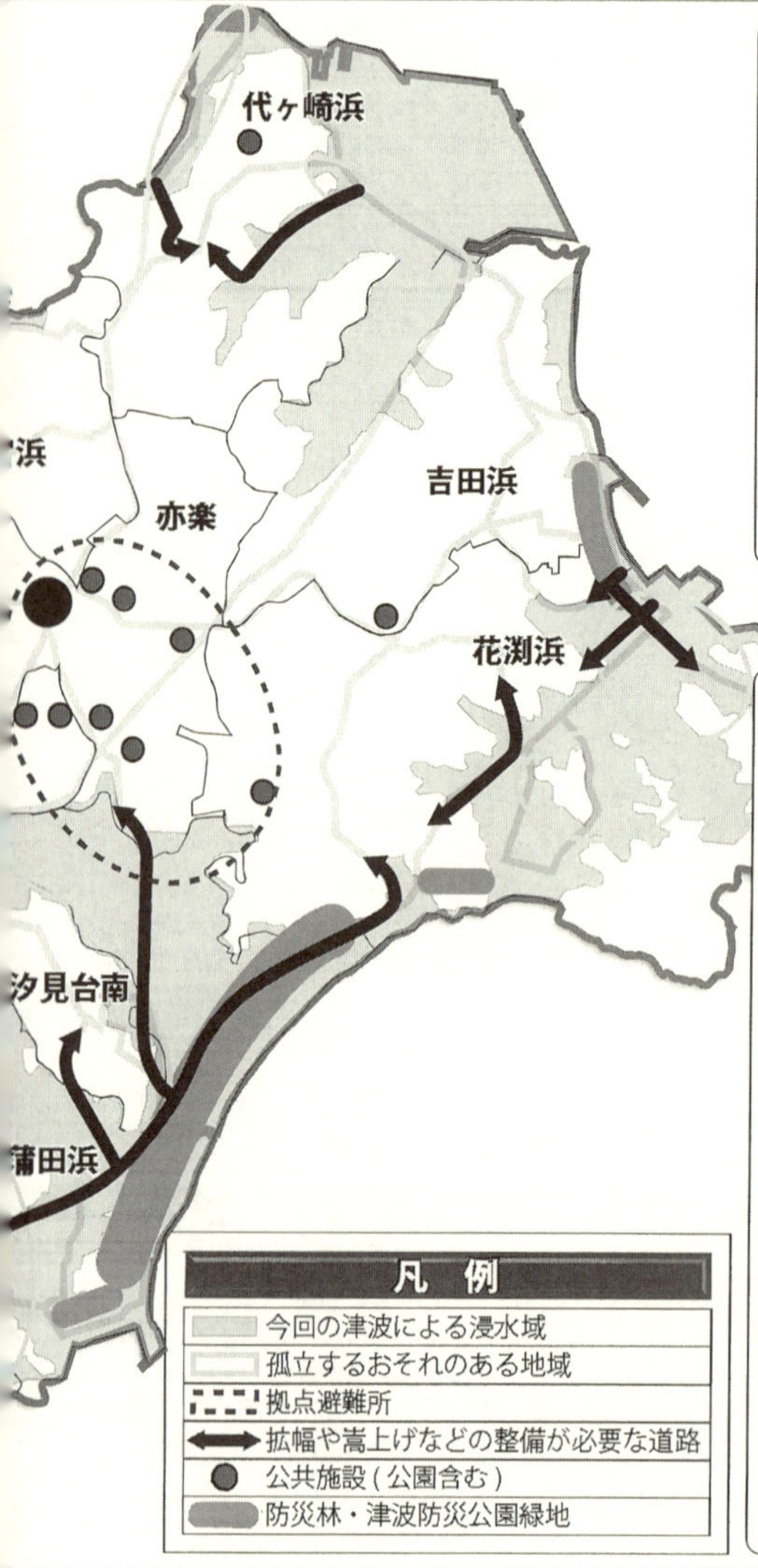

□土地利用の基本ルール

土地利用区分	L2 津波による浸水深		
	浸水なし	2m 未満	2m 以上
業務系	原則として制限なし	原則として制限なし	避難計画と合わせた立地誘導、一階床高さ制限等の条件付
居住系	高台整備予定地 民間開発予定地 公営住宅 福祉施設・病院	嵩上げ整備予定地	避難計画と合わせた立地誘導、一階床高さ制限等の条件付
公共系	学校 地区公民分館 消防・防災施設 その他公共施設	既設の公共施設を建て替えする際は、浸水なし地域への誘導、もしくは嵩上げ	新規は原則不可 建替えは、避難計画と合わせた立地誘導、耐震構造等の条件付

※国による今回の津波被害の現況調査結果により、津波浸水深が 2m 以上となった場合、建物の被災程度が急激に悪化することから、土地利用ルールの一つの目安として設定しているものです。

[復興重点施策 2] 町の文化を継承する美しい景観や街並み

豊かな自然と調和した特徴ある景観や街並みを、本町に受け継がれてきた暮らしの文化として再興し、人間らしく生活することのできる街とすまいの環境を創造します。

1. 美しい景観と街並みを取り戻すまちづくり

安全・安心なまちづくりを前提としつつ、本町の財産である美しい景観と街並みを取り戻し、歴史的に受け継がれてきた町の文化のひとつとして、未来の世代に託します。町名が由来する7つの浜とその間にひろがる多様な海岸線の景観、丘陵部の高台に点在する緑豊かな住宅地と、里山の自然が織りなすふるさとの風景を再興します。

□景観に配慮した街並みの形成

・防災林などの緑地と街並みを調和
・地形と水系による風景の基盤形成
・特別名勝松島を形成する海からの景観に配慮した街並み

2. 自然と調和した持続可能なまちづくり

三方を海に囲まれ、豊かな緑がひろがる本町の自然と調和しつつ、幾世代にもわたって受け継がれていく持続可能な環境を創造します。自然をおそれうやまい、自然の恵みを授かり、自然とふれあうことで自然の豊かさを実感し、あわせて、震災によって発生したがれきの再資源化をはかることなどによって、ひとと自然にやさしいまちをめざします。

□持続可能なまち

・震災により発生したがれきを分別し資源として活用するほか、コンクリートくずなどは防災林などの盛土材として活用
・復興する住宅において、太陽光などのクリーンエネルギーの積極的な導入の推進や、街路灯に LED を導入するなど、街や地域での活用を促進し、エコタウンを実現

□人と自然の共生

・人々が生活を営む居住拠点と、海や防災林、農地などを含む自然との共生により、持続可能な町土利用を促進
・気候や風土により長い歴史をかけて育まれた自然や生態系を、地域特性に応じて適切に保全し、自然の回復力を活かしながら本町の恵まれた自然を再生
・本町の生物多様性を確保するため、有機的な緑地のネットワーク化等を通じて、人と自然の共生や環境負荷の小さい緑豊かな街を形成

3. 地域の特性を生かした個性豊かなまちづくり

長期総合計画において設定された7つの政策ゾーンを踏まえ、それぞれの地域の特性を生かした個性豊かな景観の形成によるまちづくりをすすめます。海岸や浜と高台などの地形、多様な緑、新旧の街並みやそこに息づく人々のくらしなど、地域ごとに特徴ある景観をひきたて、それらが相互に連携しあうことによって、ひとつの町のイメージをつくりあげます。

□防災林の断面構成［一例］

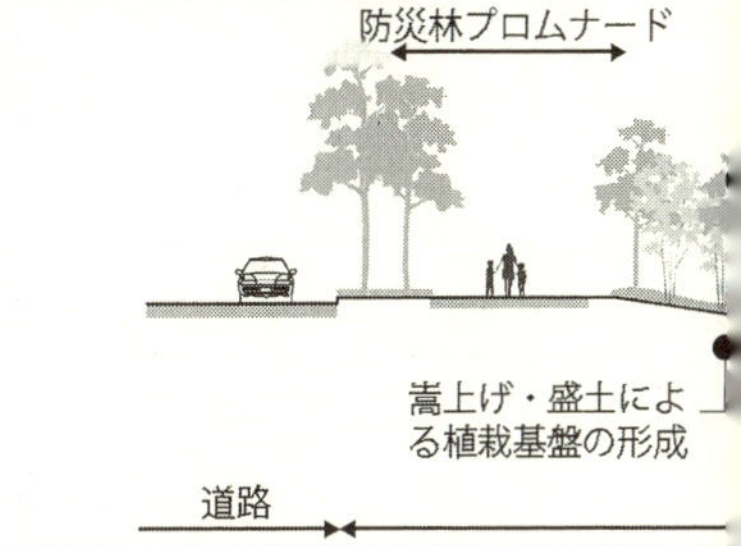
防災林プロムナード
嵩上げ・盛土による植栽基盤の形成
道路

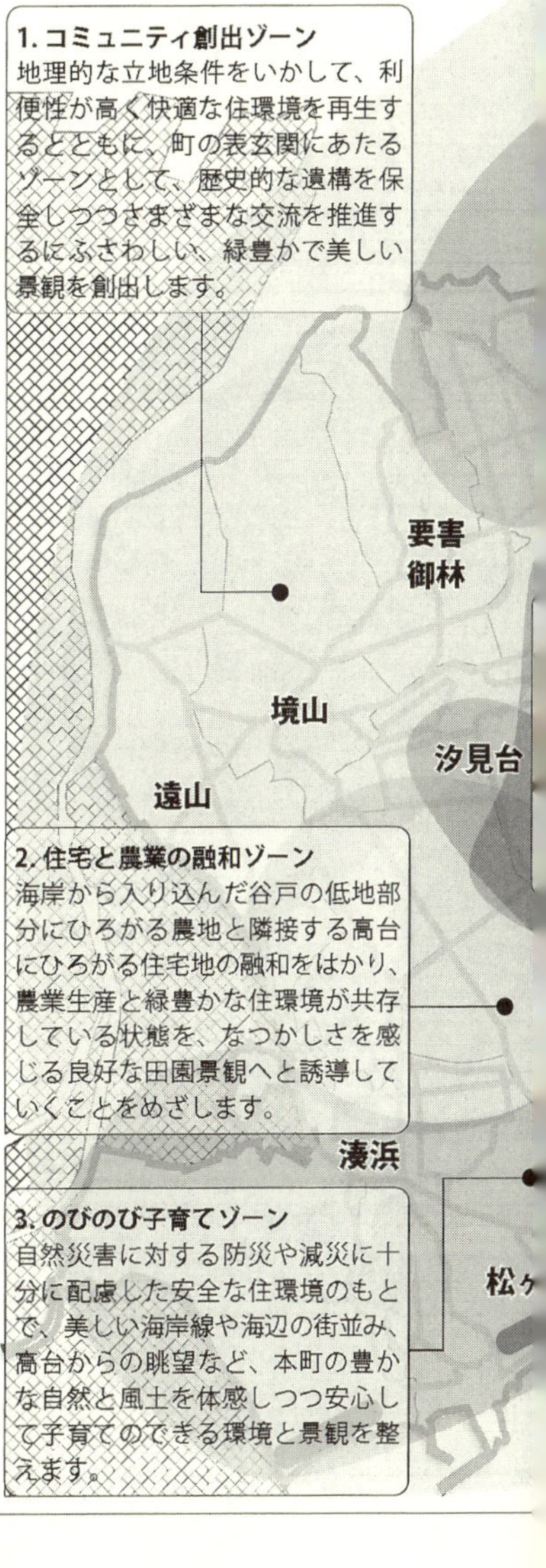
1. コミュニティ創出ゾーン
地理的な立地条件をいかして、利便性が高く快適な住環境を再生するとともに、町の表玄関にあたるゾーンとして、歴史的な遺構を保全しつつさまざまな交流を推進するにふさわしい、緑豊かで美しい景観を創出します。
要害
御林
境山
汐見台
遠山
2. 住宅と農業の融和ゾーン
海岸から入り込んだ谷戸の低地部分にひろがる農地と隣接する高台にひろがる住宅地の融和をはかり、農業生産と緑豊かな住環境が共存している状態を、なつかしさを感じる良好な田園景観へと誘導していくことをめざします。

湊浜
3. のびのび子育てゾーン
自然災害に対する防災や減災に十分に配慮した安全な住環境のもとで、美しい海岸線や海辺の街並み、高台からの眺望など、本町の豊かな自然と風土を体感しつつ安心して子育てのできる環境と景観を整えます。

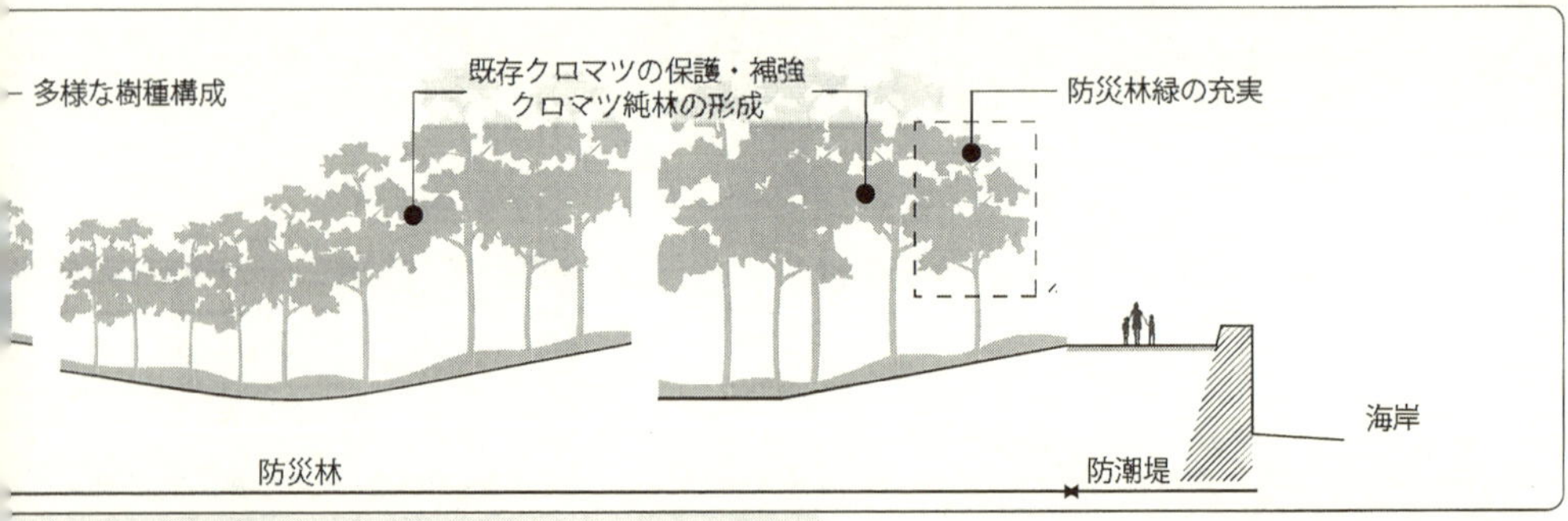

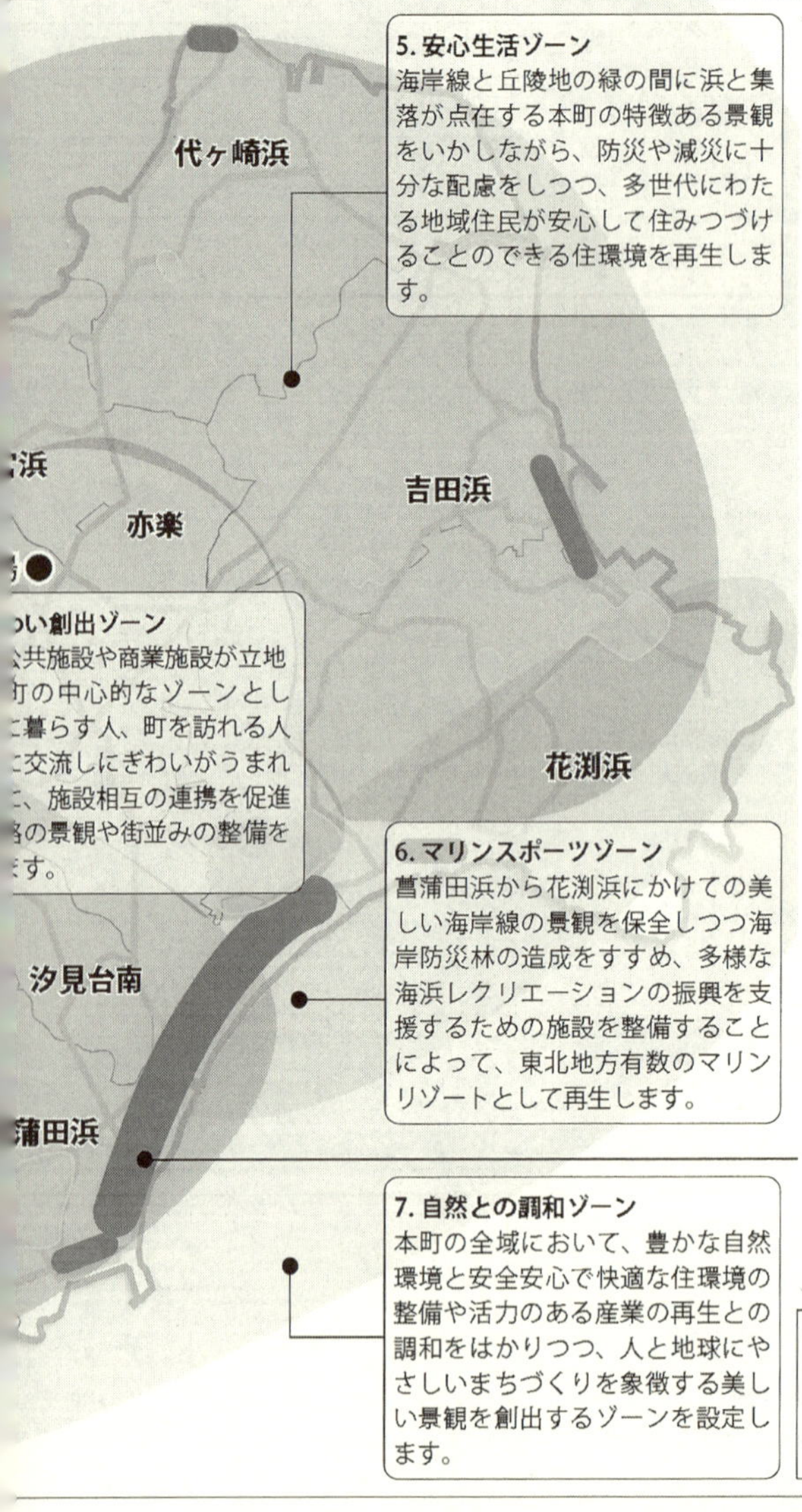

5. 安心生活ゾーン
海岸線と丘陵地の緑の間に浜と集落が点在する本町の特徴ある景観をいかしながら、防災や減災に十分な配慮をしつつ、多世代にわたる地域住民が安心して住みつづけることのできる住環境を再生します。

わい創出ゾーン
公共施設や商業施設が立地
町の中心的なゾーンとし
に暮らす人、町を訪れる人
に交流しにぎわいがうまれ
に、施設相互の連携を促進
路の景観や街並みの整備を
ます。

6. マリンスポーツゾーン
菖蒲田浜から花渕浜にかけての美しい海岸線の景観を保全しつつ海岸防災林の造成をすすめ、多様な海浜レクリエーションの振興を支援するための施設を整備することによって、東北地方有数のマリンリゾートとして再生します。

7. 自然との調和ゾーン
本町の全域において、豊かな自然環境と安全安心で快適な住環境の整備や活力のある産業の再生との調和をはかりつつ、人と地球にやさしいまちづくりを象徴する美しい景観を創出するゾーンを設定します。

□菖蒲田浜地区の景観

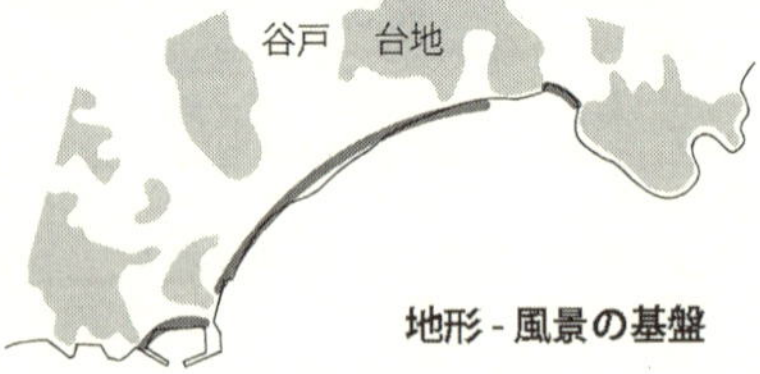

地形 - 風景の基盤

植生 - 風景の相貌

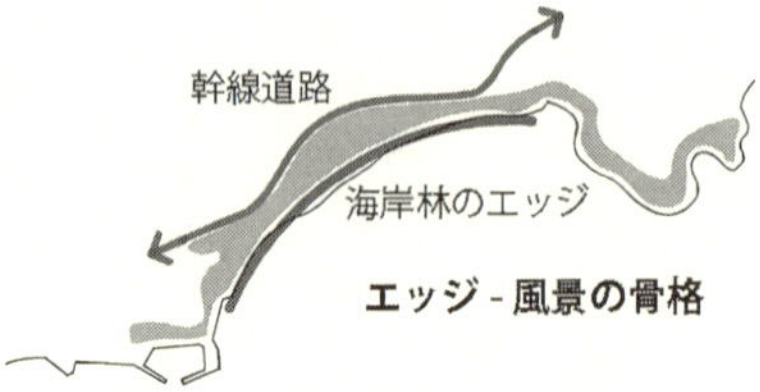

エッジ - 風景の骨格

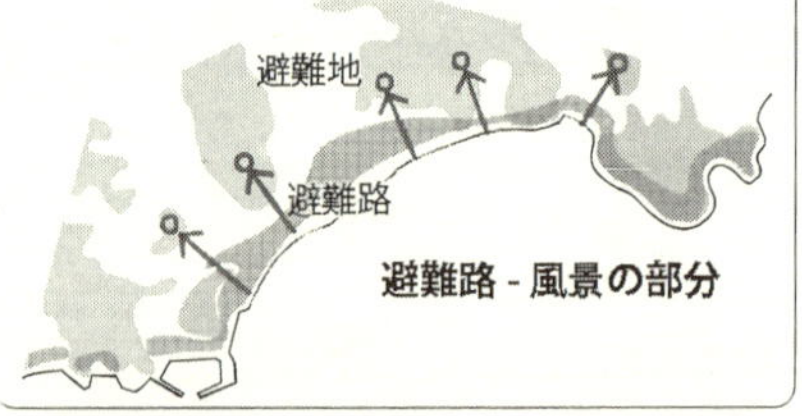

避難路 - 風景の部分

凡　例

	居住系集約拠点（災害公営住宅含む）
	防災林・津波防災公園緑地

[復興重点施策 3] 未来につながる子どもたちの豊かな環境

震災は、教育施設をはじめ、保育所などの子育て施設にも大きな被害を与えました。将来の七ヶ浜を担う子どもたちを育成するための教育や子育て施設の復興への取り組みは、子どもたちに未来につながる希望のメッセージを伝えます。

1. 未来を創る子どもたちの学びの場の提供

震災により使用することのできなくなった七ヶ浜中学校を早期に復旧し、快適な教育環境の提供はもちろんのこと、環境に配慮したエコスクール機能や、拠点避難所としての防災機能、地域コミュニティに配慮した地域拠点機能、将来の亦楽小学校改築時に小中一貫校の想定にも配慮した改築に取り組みます。

また、震災により使用することのできなくなった給食センターは、遠山地区に移築し、迅速な給食の再開に努めます。

□安全な校舎・快適な教育の場の提供

施設の耐震化や非構造部材の耐震化により、地震などの災害から子どもたちを守る構造に配慮します。

また、各所に木材を使用するなど、温かみと潤いのある空間を形成し、採光や採風に加え海が見える景観、本町の景観に配慮したゆとりある学習・生活・運動環境により、快適な教育の場を提供します。

□地域コミュニティ・防災・環境に配慮した七ヶ浜中学校の改築

地域に開かれた学校づくりを目指し、地域の防災拠点としての役割と機能の充実を図ります。また自然エネルギーを取り入れたエコスクールや復興のシンボルとして広く発信しうる学校づくりを目指します。

□将来的な小中一貫教育を目指す学校

本町の教育の特徴であるジョイント5を発展させ、学校間の連携を高め、将来的な小中一貫教育の導入について検討を進めます。(亦楽・七ヶ浜小中一貫校など)

□給食センターの早期再開

遠山地区にドライ方式・2,200食対応の給食センターを移築し、食育としての役割を担うほか、食材に地場産品を積極的に活用するなど、地産地消にも取り組みます。

2. 子育てネットワークの構築

子育てしやすいまちづくりに向けて、震災で使用できなくなった遠山保育所を迅速に再建し、汐見保育所や子育て支援センター、さらには、町内私立幼稚園、認定こども園などの子育て施設と連携し、子育て支援ネットワークの構築に取り組みます。

□次世代を担う子どもたちの支援

多様な生活スタイルに応じた子育てを支援するため、待機児童の解消をはじめ、一時預かり保育の充実など、復興に向けての子育て環境の整備に取り組みます。

□無限の可能性を持つ子どもたちの優しい環境の提供

子どもたちの自然な発達を支える環境づくりを進めるため、遠山保育所の再建に取り組みます。

□ 遠山保育所の創造的復興

遠山保育所の復興は、この地域全体を
らせる場所として自ら再生する「創造的復
する 先導的事業として取り組みます。

遠山保育所プロポーザル

[作品タイトル] みんなが集う野原の保育園
[作品説明] 広い野原のような中庭を共有し、
だけでなく地域の人々も、できるだけみんな
せる保育所をイメージしています。

□発災時における安全な避難や物資運搬に活用

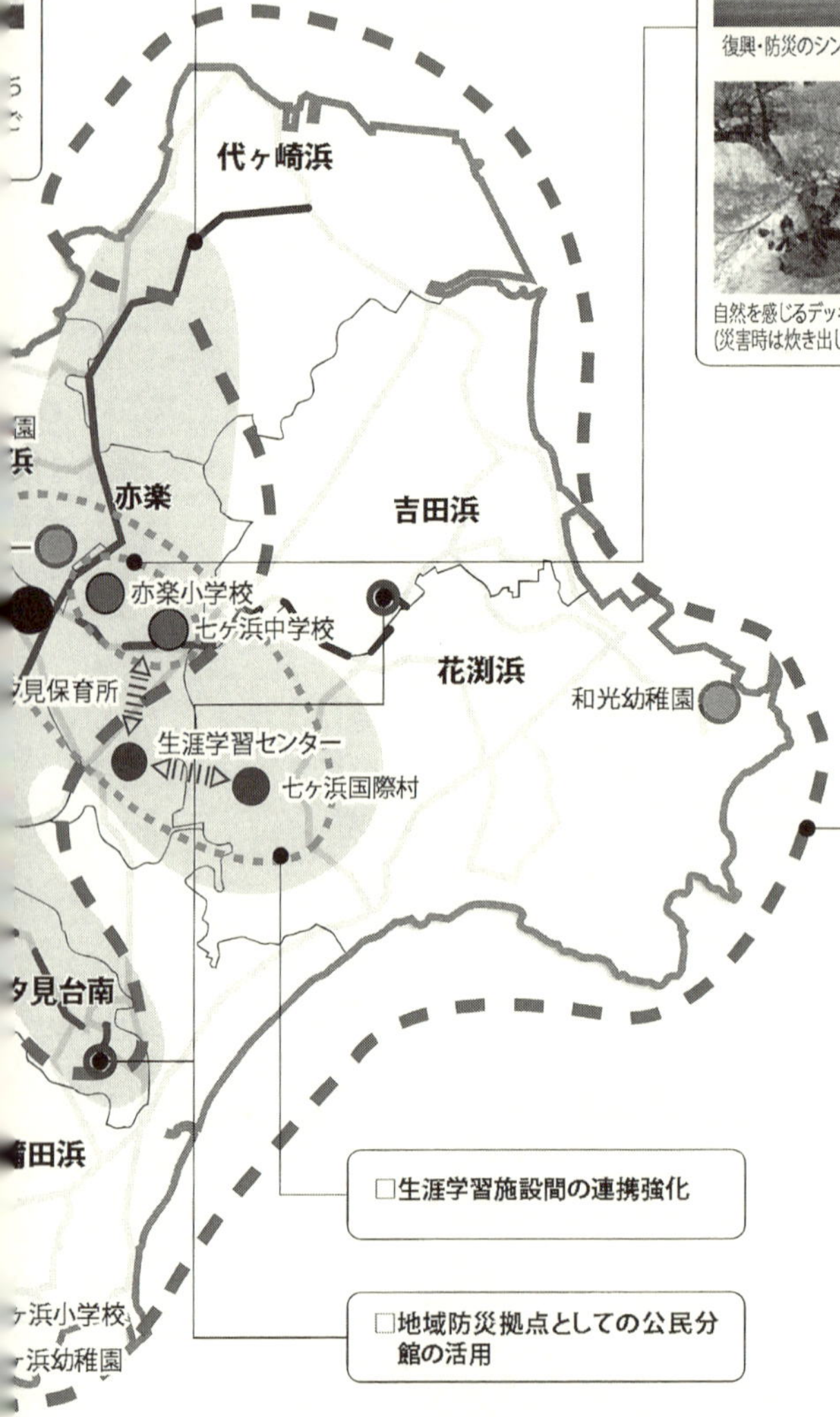

□生涯学習施設間の連携強化

□地域防災拠点としての公民分館の活用

□多種多様な教育・子育て施設エリア

□環境・地域・防災に配慮した中学校

七ヶ浜中学校の復興は、単に教育施設の復旧にとどまらず、環境や地域、防災に配慮した新たな学校の形を示すモデル事業として取り組みます。

参考事例　長野県伊那東小学校

復興・防災のシンボルとなる外観

小中一貫を見据えた図書室や特別教室

自然を感じるデッキ
(災害時は炊き出しの場所として利用を想定)

多様な授業にフレキシブルに対応できる教室

□地域資源の活用

地域の個性を形づける浜を、教育資源として活用します。

七ヶ浜国際村パフォーマンスカンパニー「NaNa5931」

菖蒲田海水浴場

凡　例

- 浜や自然を活用した教育資源エリア
- 多種多様な教育・子育て施設エリア
- 公民分館[一部]　学習施設
- 学校施設
- 子育て・保育所・幼稚園
- 災害時の避難路・物資輸送路

[復興重点施策 4] 地域コミュニティの再生と展開

震災による被害は、地区公民分館などの地域のコミュニティ拠点とその活動に悪影響を及ぼし、また、コミュニティや生きがいづくりの一翼を担っていたアクアリーナや生涯学習センター、各種スポーツ施設にも多大な被害をもたらしました。

地域拠点や中心部のにぎわいを取り戻し、住宅や地域の再生と併せ、人と人とのコミュニティを大切にしたまちづくりの展開に取り組みます。

1. 地域コミュニティの再生

被災した地域の住宅復興と併せ、地域のコミュニティ拠点であり、防災・福祉拠点でもある地区公民分館を迅速に復旧します。

□被災地域の新たな居住拠点の確保 [520 戸]

地域コミュニティに配慮し、新たな居住拠点を平成 27 年度までに整備することを目標に設置

(1) 松ヶ浜字西原付近	50 戸
(2) 菖蒲田浜字後田付近	100 戸
(3) 花渕浜字笹山付近	250 戸
(4) 花渕浜字舘下付近	100 戸
(5) 吉田浜字東君ヶ岡付近	20 戸

※1 戸当たり 70 坪として算出・戸数は提供可能見込戸数

□災害公営住宅の建設 [200 戸]

被災した町営住宅の復旧と併せ、地域コミュニティに配慮した災害公営住宅を、早ければ平成 25 年度、遅くとも平成 26 年度までに整備することを目標として建設 (200 戸)

[建設場所]　松ヶ浜・菖蒲田浜・花渕浜・吉田浜・代ヶ崎浜

[建設種別]　2DK タイプ・3DK タイプ・LSA(高齢者対応)

□被災した地区公民分館の復旧 [7 地区]

地震と津波により被災した 7 地区の公民分館を、遅くとも平成 26 年度までに復旧

[該当地区] 湊浜・松ヶ浜・菖蒲田浜・花渕浜・代ヶ崎浜・要害・遠山

2. コミュニティに配慮した都市基盤の整備

町内の地域と中心部はもちろんのこと、他市町からのアクセスに配慮した交通網などの整備や、高齢者などに配慮した利用しやすい都市基盤の整備に取り組みます。

・居住系集約拠点に配慮した公共交通の整備
・居住拠点と中心部のにぎわい創出ゾーン (健康拠点・交流拠点・芸術拠点・商業拠点) を結ぶ交通網の整備
・居住拠点と他市町の都市基盤 (公共施設・医療など) を結ぶ公共交通の整備
・地区公民分館や新たな居住拠点の整備にあたっては、段差をなくすなど高齢者などに配慮したユニバーサルデザインの導入

□中心部と地域の連携、政策ゾーン間はもちろんのこと、他市町との双方ミュニティ形成により、長期的なビジ立ったまちづくりを展開

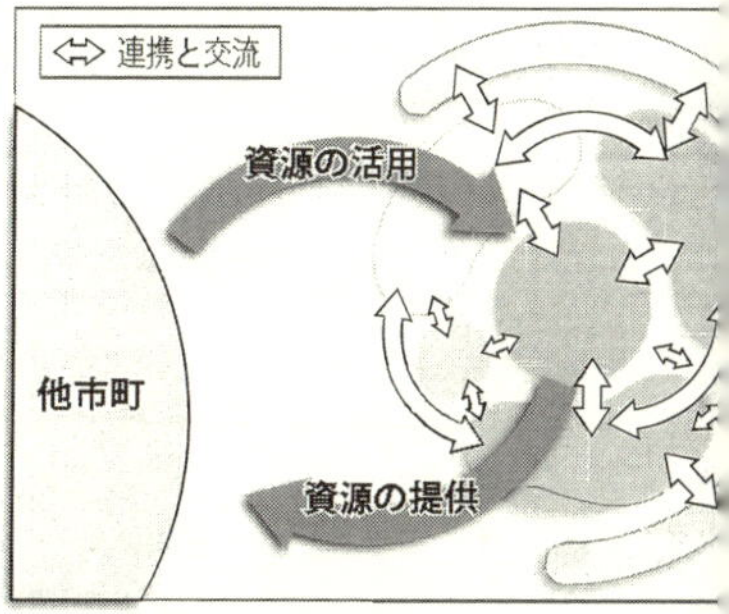

□地域コミュニティや資源の連携

□**集中型資源［中心部にある公共施設］**
　集中型資源間の政策的な連携による資源の有効活用
□**分散型資源［地区公民分館など］**
　単機能型から多機能型資源への転換・地区の活動や、にぎわい拠点としての役割

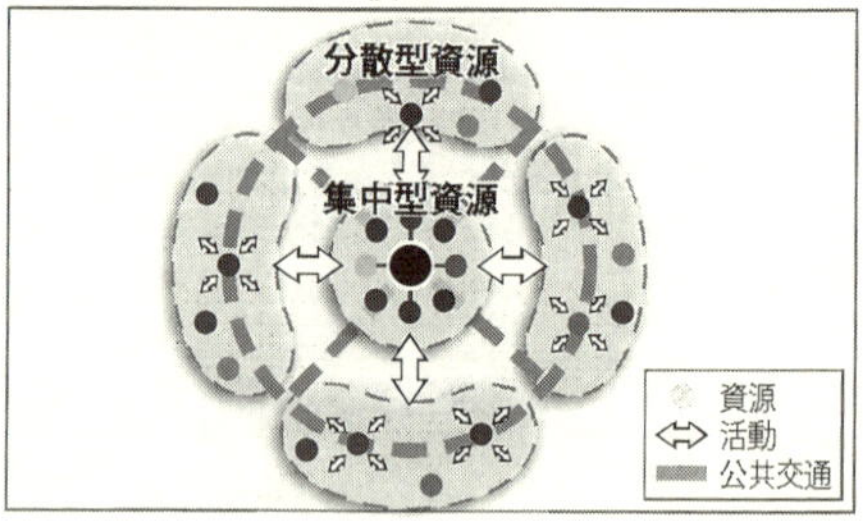

□長期総合計画の政策ゾーン

凡　例

- 居住系集約拠点（災害公営住宅含む）
- にぎわい創出ゾーンの拠点
- バス路線
- 地区からの導線イメージ
- ● 地区公民分館［既存］　● 地区公民分館［改築］
- 町道七ヶ浜縦断線と町道七ヶ浜横断線の交差部分を中心として、本町を半径 1km と 2.5km の円で囲んだ場合の図形を示したもの

[復興重点施策 5] 本町の特徴を生かした産業の活性化

本町の基幹産業である水産業や稲作などの農業は、今回の震災による津波の被害により、壊滅的なダメージを受けました。しかし、雇用の創出にとどまらず、従事する方の生きがい対策や、街並みと調和した水田風景など、今後の復興にこれらの第一次産業の復興は欠かせないものです。

産業基盤の迅速な復興により、第一次産業をはじめとする本町の特性を生かした産業の活性化に、住民と共に取り組みます。

1. 水産業基盤の復興

松ヶ浜漁港や菖蒲田漁港に加え、港湾施設の漁港機能を有している産業基盤を迅速に復興します。

□魚市場や加工販売施設の整備 [事業主体 : 漁協]

・花渕浜魚市場 (吉田花渕港) として、支援物 (製氷機、冷蔵庫、冷凍庫、建家) を魚市場跡地に設置予定

・菖蒲田浜魚市場 (菖蒲田港) の改修工事を実施予定

・加工販売施設 (吉田花渕港) として、焼き海苔、海苔チップス、魚加工品販売などの加工販売施設を整備予定

□水産関連施設の誘致

・雇用創出に配慮し、松ヶ浜漁港内に水産関連施設を誘致

□海苔養殖業の共同化・共業化の推進

・業務系エリア内に、海苔養殖用機器の共同利用化や作業の共同化を推進

2. 農地の回復と農業の再生

町内の津波により被災した水田について、がれき撤去や除塩などの実施により、農業基盤を迅速に復旧します。

□早期作付を促進

被災した農地・農業用施設の復旧に力を注ぐとともに、農業者及び関係機関と連携し、早期の作付けを目指します。

□排水機能の向上

地盤沈下対策として、排水機能の向上を目指します。

□農業経営の組織化の推進

営農の効率化を図るため、農業経営の組織化等について、農業者及び関係機関と連携しながら推進します。

□町民農園の早期復旧

長期総合計画の住民と農業の融和ゾーンに位置する「ほのぼの農園」を早期復旧し、町民の憩いの場を提供します。

3. 産業拠点の形成による 6 次産業化の推進

松ヶ浜、花渕浜の一部を、産業拠点の形成に配慮した業務系エリアの設定を行い、[生産⇒加工⇒販売] の連携による 6 次産業化を推進します。また、菖蒲田浜地区の一部を、商業・業務系エリアに設定し、観光に配慮したまちづくりを推進するほか、遠山地区の一部を貞山運河の業務利用に配慮した、業務系エリアに設定します。

□6 次産業化のイメージ (生産⇒加工

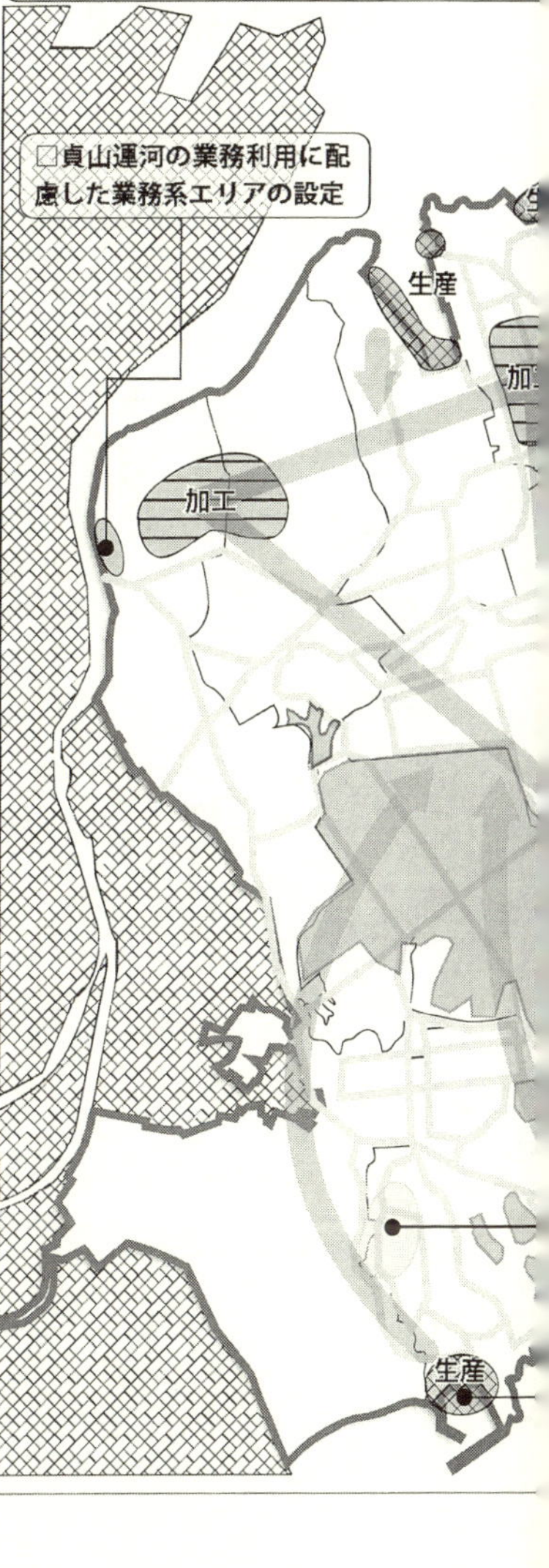

□産業の長期的なビジョン

復旧	・漁港や港湾施設などの復旧 ・農地のがれき撤去や除塩
再生	・水産業の早期操業再開 ・農作物の早期作付開始 ・将来の第一次産業従事者の担い手確保 ・水産業の共同化、共業化の推進 ・農業経営の組織化の推進
発展	・生産⇒加工⇒販売を一体で進める 6 次産業化による高付加価値化の推進 ・経済的な面だけでなく、第一次産業従事者のいきがい対策としての農業・水産業の評価 ・食育の観点から、地場産品の安全で安心な食材を積極的に活用 ・美しい景観や大雨などの減災効果としての水田の再評価

□水産業拠点としての業務系エリアの設定
□水産業拠点としての業務系エリアの設定・水産関連施設の誘致

□菖蒲田海水浴場（イメージ）

凡　例

	農地復旧区域
	ため池復旧位置
	排水改良区域
	商業・業務系エリア
	6 次産業化推進のための連携イメージ
	農振農用地域見直しエリア

復興まちづくりプラン

復興まちづくりプランは、住民の居住意向を踏まえ、津波レベル 2 に対応した土地利用のルールに基づき、地区毎の復興まちづくりの基本的な考え方について具体的に示すものです。

本内容を足がかりとして、今後の復興まちづくりを具体化し、地域復興や産業復興、都市復興に取り組みます。

□復興施策と目標年度

主な復興施策		
[目標年度]	2011(H23)	2012
01 防潮堤・堤防の嵩上げ	01	
02 道路の嵩上げ・整備	02	
03 災害公営住宅の建設	03	
04 居住系集約拠点の造成		
05 商業・業務系エリアの造成		
06 防災林の整備	06	
07 津波防災公園緑地の整備		
08 減災システムの構築		

05 要害御林・境山・遠山・赤楽・汐見台

□にぎわい創出やコミュニティに重点を置いた地域づくり

遠山地区の貞山運河沿い

01 湊浜・松ヶ浜

□居住と産業の調和のとれた地域づくり

松ヶ浜西原地区から太平洋を望む

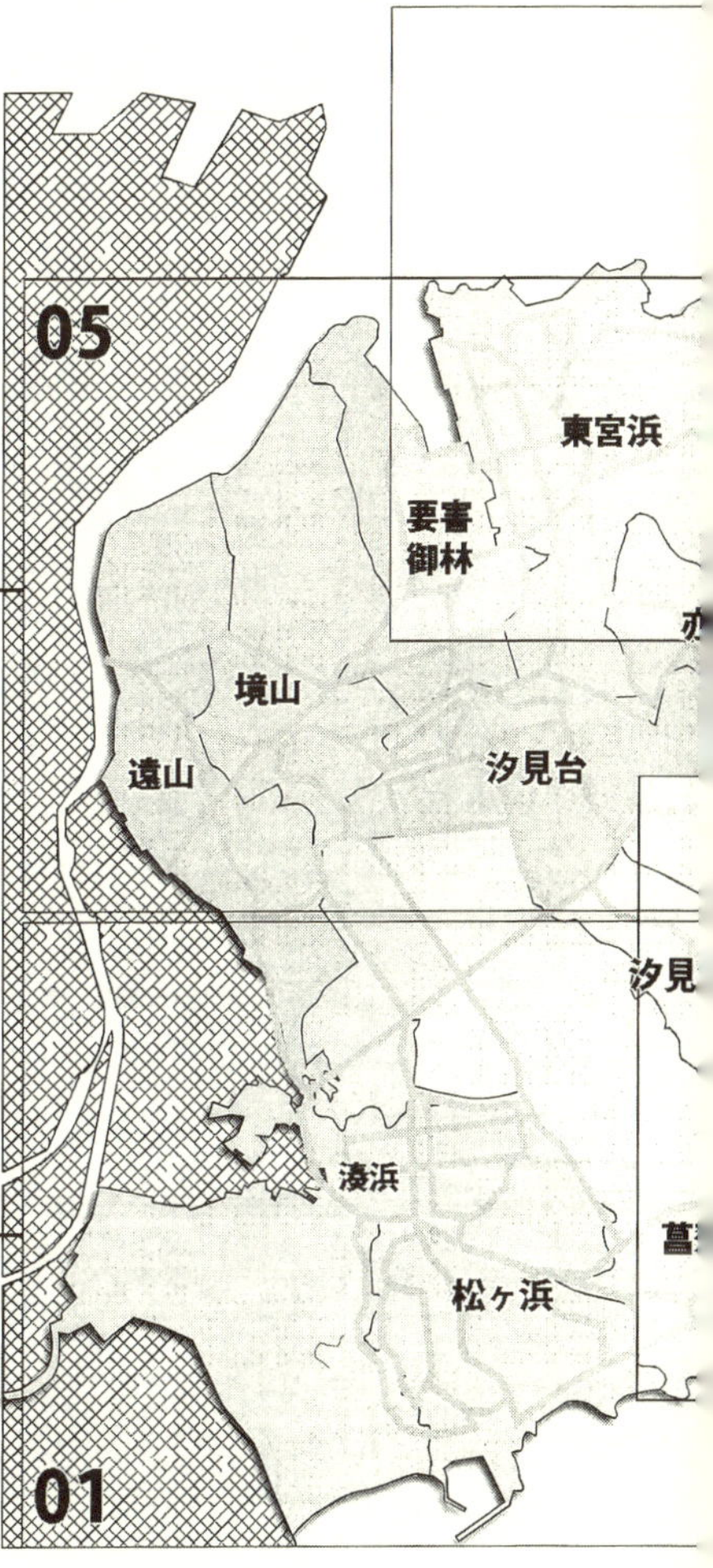

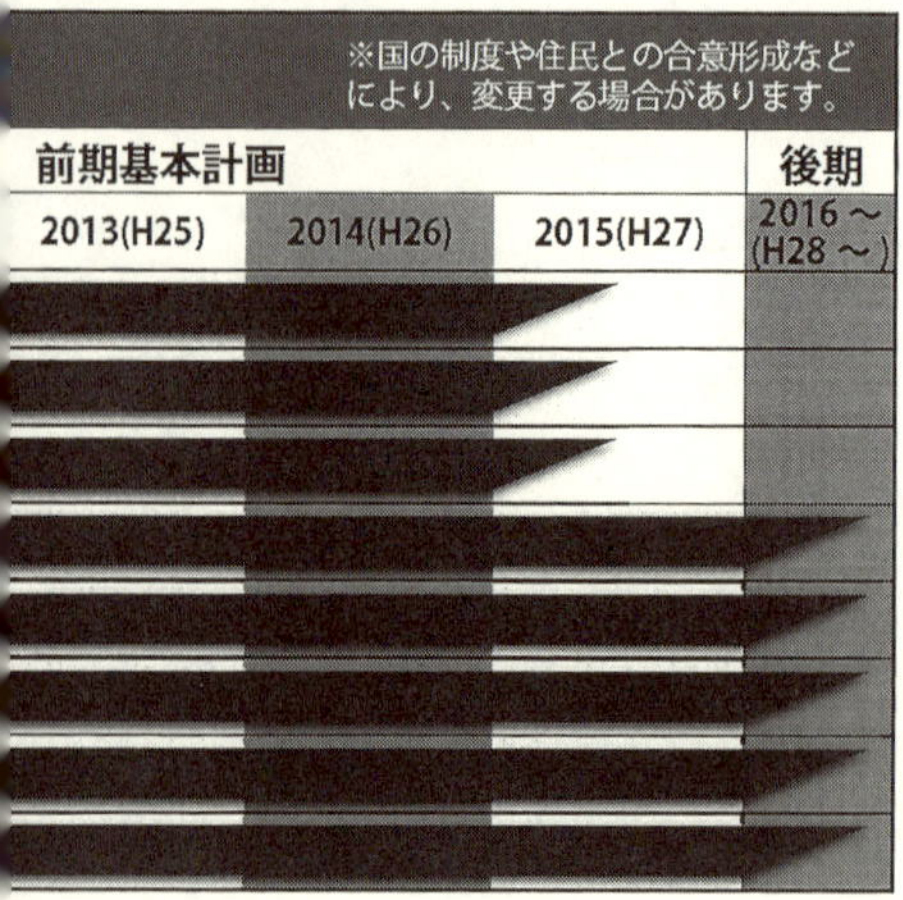

04 代ヶ崎浜・東宮浜

□美しい自然と安全安心が融合した地域づくり

表松島を形成する代ヶ崎浜地区

03 花渕浜・吉田浜

□居住と産業とが共存した、活気のある地域づくり

花渕小浜港・吉田花渕港

02 菖蒲田浜・汐見台南

□美しい景観を守りつつも、にぎわいのある地域づくり

花渕浜笹山から菖蒲田海岸を望む

地方自治ジャーナルブックレット No.59

七ヶ浜町（宮城県）で考える

「震災復興計画」と住民自治

2012 年 5 月 8 日　初版発行

編著者　　自治体学会東北ＹＰ

発行人　　武内　英晴

発行所　　公人の友社

〒 112-0002　東京都文京区小石川５－２６－８

TEL 03-3811-5701　FAX 03-3811-5795

Ｅメール　info@koujinnotomo.com

http://www.koujinnotomo.com

「官治・集権」から
「自治・分権」へ

市民・自治体職員・研究者のための
自治・分権テキスト

《出版図書目録》
2012.4

公人の友社
112-0002　東京都文京区小石川５－26－８
TEL　03-3811-5701
FAX　03-3811-5795
メールアドレス　info@koujinnotomo.com

●ご注文はお近くの書店へ
小社の本は店頭にない場合でも、注文すると取り寄せてくれます。

書店さんに「公人の友社の『○○○○』をとりよせてください」とお申し込み下さい。５日おそくとも10日以内にお手元に届きます。

●直接ご注文の場合は
電話・ＦＡＸ・メールでお申し込み下さい。（送料は実費）
TEL　03-3811-5701　FAX　03-3811-5795
メールアドレス　info@koujinnotomo.com

（価格は、本体表示、消費税別）

地方自治ジャーナル ブックレット

No.3
使い捨ての熱帯林
熱帯雨林保護法律家リーグ　971円

No.4
自治体職員世直し志士論
村瀬誠　971円

No.8
市民的公共性と自治
今井照　1,166円［品切れ］

No.9
ボランティアを始める前に
佐野章二　777円

No.10
自治体職員の能力
自治体職員能力研究会　971円

No.11
パブリックアートは幸せか
山岡義典　1,166円

No.12
市民がになう自治体公務
パートタイム公務員論研究会
1,359円

No.13
行政改革を考える
山梨学院大学行政研究センター
1,166円

No.14
上流文化圏からの挑戦
山梨学院大学行政研究センター
1,166円

No.15
市民自治と直接民主制
高寄昇三　951円

No.16
議会と議員立法
上田章・五十嵐敬喜　1,600円

No.17
分権段階の自治体と政策法務
松下圭一他　1,456円

No.18
地方分権と補助金改革
高寄昇三　1,200円

No.19
分権化時代の広域行政
山梨学院大学行政研究センター
1,200円

No.20
あなたのまちの学級編成と地方分権
田嶋義介　1,200円

No.21
自治体も倒産する
加藤良重　1,000円

No.22
ボランティア活動の進展と自治体の役割
山梨学院大学行政研究センター
1,200円

No.23
新版・2時間で学べる「介護保険」
加藤良重　800円

No.24
男女平等社会の実現と自治体の役割
山梨学院大学行政研究センター
1,200円

No.25
市民がつくる東京の環境・公害条例
市民案をつくる会　1,000円

No.26
東京都の「外形標準課税」はなぜ正当なのか
青木宗明・神田誠司　1,000円

No.27
少子高齢化社会における福祉のあり方
山梨学院大学行政研究センター
1,200円

No.28
財政再建団体
橋本行史　1,000円［品切れ］

No.29
交付税の解体と再編成
高寄昇三　1,000円

No.30
町村議会の活性化
山梨学院大学行政研究センター
1,200円

No.31
地方分権と法定外税
外川伸一　800円

No.32
東京都銀行税判決と課税自主権
高寄昇三　1,000円

No.33
都市型社会と防衛論争
松下圭一　900円

No.34
中心市街地の活性化に向けて
山梨学院大学行政研究センター
1,200円

No.35
自治体企業会計導入の戦略
高寄昇三　1,100円

No.36
行政基本条例の理論と実際
神原勝・佐藤克廣・辻道雅宣
1,100円

No.37
市民文化と自治体文化戦略
松下圭一　800円

No.38
まちづくりの新たな潮流
山梨学院大学行政研究センター
1,200円

No.39
ディスカッション・三重の改革
中村征之・大森彌　1,200円

No.40
政務調査費
宮沢昭夫　1,200円

No.41
市民自治の制度開発の課題
山梨学院大学行政研究センター
1,100円

No.42
《改訂版》自治体破たん
・「夕張ショック」の本質
橋本行史　1,200円

No.43
分権改革と政治改革
～自分史として
西尾勝　1,200円

No.44
自治体人材育成の着眼点
浦野秀一・井澤壽美子・野田邦弘・
西村浩・三関浩司・杉谷知也・坂口
正治・田中富雄　1,200円

No.45
障害年金と人権
―代替的紛争解決制度と大学・
専門集団の役割―
橋本宏子・森田明・湯浅和恵・池原
毅和・青木久馬・澤静子・佐々木久
美子　1,400円

No.46
地方財政健全化法で財政破綻
は阻止できるか
夕張・篠山市の財政運営責任を追及する
高寄昇三　1,200円

No.47
地方政府と政策法務
市民・自治体職員のための基本テキスト
加藤良重　1,200円

No.48
政策財務と地方政府
市民・自治体職員のための基本テキスト
加藤良重　1,400円

No.49
政令指定都市がめざすもの
高寄昇三　1,400円

No.50
良心的裁判員拒否と責任ある
参加
～市民社会の中の裁判員制度～
大城聡　1,000円

No.51
討議する議会
～自治のための議会学の構築をめ
ざして～
江藤俊昭　1,200円

No.52
【増補版】大阪都構想と橋下政
治の検証―府県集権主義への批判―
高寄昇三　1,200円

No.53
虚構・大阪都構想への反論
―橋下ポピュリズムと都市主権の
対決―
高寄昇三　1,200円

No.54
大阪市存続・大阪都粉砕の
戦略
―地方政治とポピュリズム―
高寄昇三　1,200円

No.55
「大阪都構想」を越えて
―問われる日本の民主主義と地方自治―
大阪自治体問題研究所・企画1,200円

No.56
翼賛議会型政治・地方民主主義
への脅威
―地域政党と地方マニフェスト―
高寄昇三　1,200円

No.57
なぜ自治体職員にきびしい法遵
守が求められるのか
加藤良重　1,200円

No.58
東京都区制度の歴史と課題
都区制度問題の考え方
栗原利美著・米倉克良編　1,400円

No.59
七ヶ浜町（宮城県）で考える
「震災復興計画」と住民自治
自治体学会東北ＹＰ　1,400円

朝日カルチャーセンター
地方自治講座ブックレット

No.1
自治体経営と政策評価
山本清　1,000円

No.2
ガバメント・ガバナンスと
行政評価システム
星野芳昭　1,000円

No.4
政策法務は地方自治の柱づくり
辻山幸宣　1,000円

No.5
政策法務がゆく！
北村喜宣　1,000円

政策・法務基礎シリーズ
―東京都市町村職員研修所編

No.1
これだけは知っておきたい
自治立法の基礎
600円

No.2
これだけは知っておきたい
政策法務の基礎
800円

福島大学ブックレット
『21世紀の市民講座』

No.1
外国人労働者と地域社会の未来
桑原靖夫・香川孝三（著）
坂本恵（編著）　900円

No.2
自治体政策研究ノート
今井照　900円

No.3
住民による「まちづくり」の
作法
今西一男　1,000円

No.4
格差・貧困社会における
市民の権利擁護
金子勝　900円

No.5
法学の考え方・学び方
イェーリングにおける「秤」と「剣」
富田哲　900円

No.6
今なぜ権利擁護か
―ネットワークの重要性―
高野範城・新村繁文　1,000円

No.7
小規模自治体の可能性を探る
保母武彦・菅野典雄・佐藤力・
竹内是俊・松野光伸　1,000円

No.8
小規模自治体の生きる道
―連合自治の構築をめざして―
神原勝　900円

地域ガバナンスシステム・シリーズ
（龍谷大学地域人材・公共政策開発システム　オープン・リサーチ・センター企画・編集）

No.1
地域人材を育てる自治体研修改革
土山希美枝　900円

No.2
公共政策教育と認証評価システム―日米の現状と課題―
坂本勝　編著　1,100円

No.3
暮らしに根ざした心地良いまち
野呂昭彦・逢坂誠二・関原剛・吉本哲郎・白石克孝・堀尾正靭
1,100円

No.4
持続可能な都市自治体づくりのためのガイドブック
「オルボー憲章」「オルボー誓約」翻訳所収　白石克孝・イクレイ日本事務所編　1,100円

No.5
英国における地域戦略パートナーシップの挑戦
白石克孝・的場信敬監訳　900円

No.6
マーケットと地域をつなぐパートナーシップ
協会という連帯のしくみ
白石克孝編・園田正彦著　1,000円

No.7
政府・地方自治体と市民社会の戦略的連携
―英国コンパクトにみる先駆性―
的場信敬編著　1,000円

No.8
財政縮小時代の人材戦略
多治見モデル
大矢野修編著　1,400円

No.9
市民と自治体の協働研修ハンドブック
土山希美枝　1,600円

No.10
行政学修士教育と人材育成
―米中の現状と課題―
坂本勝著　1,100円

No.11
アメリカ公共政策大学院の認証評価システムと評価基準
―NASPAAのアクレディテーションの検証を通して―
早田幸政　1,200円

No.12
イギリスの資格履修制度
―資格を通しての公共人材育成―
小山善彦　1,000円

No.14
炭を使った農業と地域社会の再生
―市民が参加する地球温暖化対策―
井上芳恵編著　1,400円

No.15
対話と議論で〈つなぎ・ひきだす〉ファシリテート能力育成ハンドブック
土山希美枝・村田和代・深尾昌峰　1,200円

シリーズ「生存科学」
（東京農工大学生存科学研究拠点　企画・編集）

No.2
再生可能エネルギーで地域がかがやく
―地産地消型エネルギー技術―
秋澤淳・長坂研・堀尾正靭・小林久
1,100円

No.3
小水力発電を地域の力で
（独）科学技術振興機構　社会技術研究開発センター「地域に根ざした脱温暖化環境共生社会」研究領域　地域分散電源等導入タスクフォース
1,200円

No.4
地域の生存と社会的企業
―イギリスと日本との比較をとおして―
柏雅之・白石克孝・重藤さわ子
1,200円

No.5
地域の生存と農業知財
澁澤栄・福井隆・正林真之
1,000円

No.6
風の人・土の人
―地域の生存とＮＰＯ―
千賀裕太郎・白石克孝・柏雅之・福井隆・飯島博・曽根原久司・関原剛
1,400円

No.7
地域からエネルギーを引き出せ！
PEGASUSハンドブック
（環境エネルギー設計ツール）
堀尾正靭・白石克孝・重藤さわ子・定松功・土山希美枝　1,400円

No.8
地域分散エネルギーと「地域主体」の形成
―風・水・光エネルギー時代の主役を作る―
小林久・堀尾正靭編　1,400円

都市政策フォーラムブックレット
（首都大学東京・都市教養学部都市政策コース　企画）

No.1
「新しい公共」と新たな支え合いの創造へ―多摩市の挑戦―
首都大学東京・都市政策コース
900円

No.2
景観形成とまちづくり
―「国立市」を事例として―
首都大学東京・都市政策コース
1,000円

No.3
都市の活性化とまちづくり
―「制度設計から現場まで」―
首都大学東京・都市政策コース
1,000円

北海道自治研ブックレット

No.1
市民・自治体・政治
再論・人間型としての市民
松下圭一　1,200円

No.2
議会基本条例の展開
その後の栗山町議会を検証する
橋場利勝・中尾修・神原勝
1,200円

No.3
福島町の議会改革
議会基本条例
開かれた議会づくりの集大成
溝部幸基・石堂一志・中尾修・神原勝

TAJIMI CITY ブックレット

No.2
転型期の自治体計画づくり
松下圭一　1,000円

No.3
これからの行政活動と財政
西尾勝　1,000円

No.4
構造改革時代の手続的公正と第2次分権改革
手続的公正の心理学から
鈴木庸夫　1,000円

No.5
自治基本条例はなぜ必要か
辻山幸宣　1,000円

No.6
自治のかたち法務のすがた
政策法務の構造と考え方
天野巡一　1,100円

No.7
自治体再構築における行政組織と職員の将来像
今井照　1,100円

No.8
持続可能な地域社会のデザイン
植田和弘　1,000円

No.9
政策財務の考え方
加藤良重　1,000円

No.10
市場化テストをいかに導入するべきか　～市民と行政
竹下譲　1,000円

No.11
市場と向き合う自治体
小西砂千夫・稲沢克祐　1,000円

地方自治土曜講座ブックレット

No.2
自治体の政策研究
森啓　600円

No.22
地方分権推進委員会勧告とこれからの地方自治
西尾勝　500円

No.34
政策立案過程への「戦略計画」
少子高齢社会と自治体の福祉法務
加藤良重　400円

No.42
改革の主体は現場にあり
山田孝夫　900円

No.43
自治と分権の政治学
鳴海正泰　1,100円

No.44
公共政策と住民参加
宮本憲一　1,100円

No.45
農業を基軸としたまちづくり
小林康雄　800円

No.46
これからの北海道農業とまちづくり
篠田久雄　800円

No.47
自治の中に自治を求めて
佐藤守　1,000円

No.48
介護保険は何を変えるのか
池田省三　1,100円

No.49
介護保険と広域連合
大西幸雄　1,000円

No.50
自治体職員の政策水準
森啓　1,100円

No.51
分権型社会と条例づくり
篠原一　1,000円

No.52
自治体における政策評価の課題
佐藤克廣　1,000円

No.53
小さな町の議員と自治体
室崎正之　900円

No.54
改正地方自治法とアカウンタビリティ
鈴木庸夫　1,200円

No.56
財政運営と公会計制度
宮脇淳　1,100円

No.59
環境自治体とＩＳＯ
畠山武道　700円

No.60
転型期自治体の発想と手法
松下圭一　900円

No.61
分権の可能性
スコットランドと北海道
山口二郎　600円

No.62
機能重視型政策の分析過程と財務情報
宮脇淳　800円

No.63
自治体の広域連携
佐藤克廣　900円

No.64
分権時代における地域経営
見野全　700円

No.65
町村合併は住民自治の区域の変更である。
森啓　800円

No.66
自治体学のすすめ
田村明　900円

No.67
市民・行政・議会のパートナーシップを目指して
松山哲男　700円

No.69
新地方自治法と自治体の自立
井川博　900円

No.70
分権型社会の地方財政
神野直彦　1,000円

No.71
自然と共生した町づくり
宮崎県・綾町
森山喜代香　700円

No.72
情報共有と自治体改革
ニセコ町からの報告
片山健也　1,000円

No.73
地域民主主義の活性化と自治体改革
山口二郎　600円

No.74
分権は市民への権限委譲
上原公子　1,000円

No.75
今、なぜ合併か
瀬戸亀男　800円

No.76
市町村合併をめぐる状況分析
小西砂千夫　800円

No.78
ポスト公共事業社会と自治体政策
五十嵐敬喜　800円

No.80
自治体人事政策の改革
森啓　800円

No.82
地域通貨と地域自治
西部忠　900円

No.83
北海道経済の戦略と戦術
宮脇淳　800円

No.84
地域おこしを考える視点
矢作弘　700円

No.87
北海道行政基本条例論
神原勝　1,100円

No.90
「協働」の思想と体制
森啓　800円

No.91
協働のまちづくり
三鷹市の様々な取組みから
秋元政三　700円

No.92
シビル・ミニマム再考
ベンチマークとマニフェスト
松下圭一　900円

No.93
市町村合併の財政論
高木健二　800円

No.95
市町村行政改革の方向性
～ガバナンスとＮＰＭのあいだ
佐藤克廣　800円

No.96
創造都市と日本社会の再生
佐々木雅幸　800円

No.97
地方政治の活性化と地域政策
山口二郎　800円

No.98
多治見市の政策策定と政策実行
西寺雅也　800円

No.99
自治体の政策形成力
森啓　700円

No.100
自治体再構築の市民戦略
松下圭一　900円

No.101
維持可能な社会と自治
～『公害』から『地球環境』へ
宮本憲一　900円

No.102
道州制の論点と北海道
佐藤克廣　1,000円

No.103
自治体基本条例の理論と方法
神原勝　1,100円

No.104
働き方で地域を変える
～フィンランド福祉国家の取り組み
山田眞知子　800円

No.107
公共をめぐる攻防
～市民的公共性を考える
樽見弘紀　600円

No.108
三位一体改革と自治体財政
岡本全勝・山本邦彦・北良治・逢坂誠二・川村喜芳　1,000円

No.109
連合自治の可能性を求めて
サマーセミナー in 奈井江
松岡市郎・堀則文・三本英司・
佐藤克廣・砂川敏文・北良治　他
1,000円

No.110
「市町村合併」の次は「道州制」か
高橋彦芳・北良治・脇紀美夫・
碓井直樹・森啓　1,000円

No.111
コミュニティビジネスと建設帰農
松本懿・佐藤吉彦・橋場利夫・
山北博明・飯野政一・神原勝
1,000円

No.112
「小さな政府」論とはなにか
牧野富夫　700円

No.113
栗山町発・議会基本条例
橋場利勝・神原勝　1,200円

No.114
北海道の先進事例に学ぶ
宮谷内留雄・安斎保・見野全・
佐藤克廣・神原勝　1,000円

No.115
地方分権改革のみちすじ
―自由度の拡大と所掌事務の拡大―
西尾勝　1,200円

No.116
転換期における日本社会の可能性
―維持可能な内発的発展―
宮本憲一　1,000円

自治体再構築

松下圭一（法政大学名誉教授）　定価 2,940 円

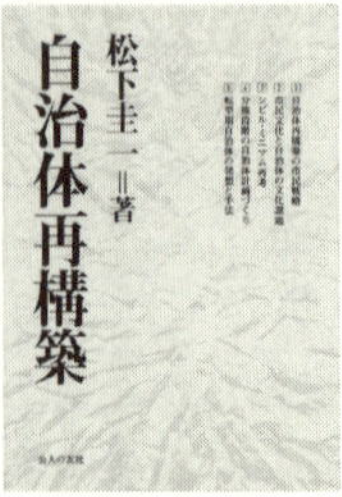

●官治・集権から自治・分権への転型期にたつ日本は、政治・経済・文化そして軍事の分権化・国際化という今日の普遍課題を解決しないかぎり、閉鎖性をもった中進国状況のまま、財政破綻、さらに「高齢化」「人口減」とあいまって、自治・分権を成熟させる開放型の先進国状況に飛躍できず、衰退していくであろう。

●この転型期における「自治体改革」としての〈自治体再構築〉をめぐる 2000 年～ 2004 年までの講演ブックレットの 総集版。

1　自治体再構築の市民戦略
2　市民文化と自治体の文化戦略
3　シビル・ミニマム再考
4　分権段階の自治体計画づくり
5　転型期自治体の発想と手法

社会教育の終焉 ［新版］

松下圭一（法政大学名誉教授）　定価 2,625 円

●86年の出版時に社会教育関係者に厳しい衝撃を与えた幻の名著の復刻・新版。

●日本の市民には、〈市民自治〉を起点に分権化・国際化をめぐり、政治・行政、経済・財政ついで文化・理論を官治・集権型から自治・分権型への再構築をなしえるか、が今日あらためて問われている。

序章　日本型教育発想
Ⅰ　公民館をどう考えるか
Ⅱ　社会教育行政の位置
Ⅲ　社会教育行政の問題性
Ⅳ　自由な市民文化活動
終章　市民文化の形成　　あとがき　　新版付記

増補 自治・議会基本条例論　自治体運営の先端を拓く

神原　勝（北海学園大学教授・北海道大学名誉教授）　定価 2,625 円

生ける基本条例で「自律自治体」を創る。その理論と方法を詳細に説き明かす。7 年の試行を経て、いま自治体基本条例は第 2 ステージに進化。めざす理想型、総合自治基本条例＝基本条例＋関連条例

プロローグ
Ⅰ　自治の経験と基本条例の展望
Ⅱ　自治基本条例の理論と方法
Ⅲ　議会基本条例の意義と展望
エピローグ
条例集
　1　ニセコ町まちづくり基本条例
　2　多治見市市政基本条例
　3　栗山町議会基本条例

自律自治体の形成　すべては財政危機との闘いからはじまった

西寺雅也（前・岐阜県多治見市長）　四六判・282頁　定価2,730円

ISBN978-4-87555-530-8 C3030

多治見市が作り上げたシステムは、おそらく完結性という点からいえば他に類のないシステムである、と自負している。そのシステムの全貌をこの本から読み取っていただければ、幸いである。

（「あとがき」より）

Ⅰ　すべては財政危機との闘いからはじまった
Ⅱ　市政改革の土台としての情報公開・市民参加・政策開発
Ⅲ　総合計画（政策）主導による行政経営
Ⅳ　行政改革から「行政の改革」へ
Ⅴ　人事制度改革
Ⅵ　市政基本条例
終章　自立・自律した地方政府をめざして
資料・多治見市市政基本条例

フィンランドを世界一に導いた100の社会改革

フィンランドのソーシャル・イノベーション

イルッカ・タイパレ - 編著　山田眞知子 - 訳者

A5判・306頁　定価2,940円　ISBN978-4-87555-531-5 C3030

フィンランドの強い競争力と高い生活水準は、個人の努力と自己開発を動機づけ、同時に公的な支援も提供する、北欧型福祉社会に基づいています。民主主義、人権に対する敬意、憲法国家の原則と優れた政治が社会の堅固な基盤です。

‥‥この本の100余りの論文は、多様でかつ興味深いソーシャルイノベーションを紹介しています。‥フィンランド社会とそのあり方を照らし出しているので、私は、読者の方がこの本から、どこにおいても応用できるようなアイディアを見つけられると信じます。

（刊行によせて - フィンランド共和国大統領　タルヤ・ハロネン）

公共経営入門 ―公共領域のマネジメントとガバナンス

トニー・ボベール／エルク・ラフラー - 編著　みえガバナンス研究会 - 翻訳

A5判・250頁　定価2,625円　ISBN978-4-87555-533-9 C3030

本書は、大きく３部で構成されている。まず第１部では、ＮＰＭといわれる第一世代の行革から、多様な主体のネットワークによるガバナンスまで、行政改革の国際的な潮流について概観している。第２部では、行政分野のマネジメントについて考察している。………本書では、行政と企業との違いを踏まえた上で、民間企業で発展した戦略経営やマーケティングをどう行政経営に応用したらよいのかを述べている。第３部では、最近盛んになった公共領域についてのガバナンス論についてくわしく解説した上で、ガバナンスを重視する立場からは地域社会や市民とどう関わっていったらよいのかなどについて述べている。　（「訳者まえがき」より）